*Jürgen Faik*

Verteilung und Umverteilung
von Wohlstand

T0122519

Jürgen Faik

# Verteilung und Umverteilung von Wohlstand

Bestandsaufnahme und Folgen
der sozialen Polarisierung
in Deutschland

Mohr Siebeck

*Jürgen Faik*, geboren 1963; 1983–95 Studium der Volkswirtschafts-lehre und Soziologie; 1995 Promotion; 2014 Habilitation; derzeit Privatdozent für Gerontologie an der Universität Vechta.

ISBN 978-3-16-153713-4

Die Deutsche Nationalbibliothek verzeichnet diese Publikation in der Deutschen Nationalbibliographie; detaillierte bibliographische Daten sind im Internet über *http://dnb.dnb.de* abrufbar.

© 2015  Mohr Siebeck Tübingen. www.mohr.de

Das Buch wurde von Computersatz Staiger in Rottenburg/N. aus der Stempel Garamond gesetzt, von Gulde-Druck in Tübingen auf alterungsbeständiges Werkdruckpapier gedruckt und von der Buch-binderei Nädele in Nehren gebunden.

# Inhaltsverzeichnis

# Abkürzungsverzeichnis

| | |
|---|---|
| ALLBUS | Allgemeine Bevölkerungsumfrage in den Sozialwissenschaften |
| ARB | Armuts- und Reichtumsbericht |
| ASID | Alterssicherung in Deutschland |
| AStA | Allgemeines Statistisches Archiv |
| BMAS | Bundesministerium für Arbeit und Soziales |
| CEO | Chief Executive Officer |
| DAX | Deutscher Aktienindex |
| DIW | Deutsches Institut für Wirtschaftsforschung |
| DRV | Deutsche Rentenversicherung |
| ECINEQ | The Society for the Study of Economic Inequality |
| ESS | European Social Survey |
| EU-SILC | European Union Statistics on Income and Living Conditions |
| EVS | Einkommens- und Verbrauchsstichprobe |
| FFB | Forschungsinstitut Freie Berufe |
| FNA | Forschungsnetzwerk Alterssicherung |
| FS | Forschungsschwerpunkt |
| GESIS | Gesellschaft Sozialwissenschaftlicher Infrastruktureinrichtungen |
| G20 | Gruppe der zwanzig wichtigsten Industrie- und Schwellenländer |

| | |
|---|---|
| IAB | Institut für Arbeitsmarkt- und Berufsforschung |
| ILO | International Labour Office |
| IMK | Institut für Makroökonomie und Konjunkturforschung |
| ISG | Institut für Sozialforschung und Gesellschaftspolitik |
| ISSP | International Social Survey Programme |
| IW | Institut der deutschen Wirtschaft |
| IZA | Forschungsinstitut zur Zukunft der Arbeit |
| MEA | Munich Center for the Economics of Aging |
| OECD | Organisation for Economic Co-operation and Development |
| PASS | Panel Arbeitsmarkt und soziale Sicherung |
| PHF | Panel on Household Finances |
| SAVE | Sparen und Altersvorsorge in Deutschland |
| SGB | Sozialgesetzbuch |
| SOEP | Sozioökonomisches Panel |
| UK | United Kingdom |
| U. S. | United States |
| WISO | Wirtschafts- und Sozialpolitik |
| WSI | Wirtschafts- und Sozialwissenschaftliches Institut |
| WTID | World Top Income Database |
| WZB | Wissenschaftszentrum Berlin |
| ZeS | Zentrum für Sozialpolitik |

# 1. Einleitung

In Deutschland waren Verteilungstatbestände in der vergangenen Dekade in der Öffentlichkeit mehr oder weniger hinter Fragen nach Wirtschaftswachstum oder Geldwertstabilität zurückgetreten. Allenfalls wurden sie verengt im Kontext der Reformdiskussionen zur sozialen Sicherheit (Altersvorsorge, Kranken- bzw. Pflegeversicherung) als Generationendebatten verstärkt angesprochen. An dieser Lage änderten auch die zunehmend routinisierten Diskussionen über die seit der Jahrtausendwende veröffentlichten Armuts- und Reichtumsberichte zunächst nicht viel.

Erst die jüngste Wirtschafts- und Finanzkrise hat die Verteilungsdebatte wieder sichtbar belebt. Die hiermit verbundene Euro-Krise hat nicht nur in den südeuropäischen Krisenländern den im nationalen, aber auch im internationalen Maßstab feststellbaren Gegensatz zwischen Arm und Reich auf die politische Agenda gesetzt.

## Polarisierung von Wohlstand

Vor diesem Hintergrund sind neuere Publikationen wie die von Piketty (2014) oder – speziell auf Deutschland bezogen – von Wehler (2013) einzuordnen. Sie haben der These von einer wohlstandsbezogenen Polarisierung der modernen Wohlfahrtsstaaten inzwischen wieder eine große Popularität verliehen. Zugleich haben sie zum Wiederaufleben der wissenschaftlichen Verteilungsdebatte in den Sozial- und Wirtschaftswissenschaften geführt.

Piketty geht so weit, dass er bezweifelt, dass eine Marktwirtschaft langfristig wirtschaftliche Ressourcen (Einkommen, Vermögen) leistungsgerecht verteile. Als Hauptgrund hierfür sieht er das Erben beträchtlicher Vermögen seitens einer Bevölkerungsminderheit an. Solcherart entstehen dynastisch geprägte Vermögensverteilungen, die – wie andere Forschungsergebnisse gezeigt haben (vgl. z.B. Hartmann 2014) – bei den Vermögenden (speziell bei den „Superreichen") zu einer Art Parallelgesellschaft führen können. Dies lässt sich in Deutschland zumindest für die sogenannte Wirtschaftselite – d.h. für die Mächtigen in der Wirtschaft – nachweisen.

Einem aktuellen Bericht der britischen Hilfsorganisation Oxfam zufolge driften seit der jüngsten Wirtschafts- und Finanzkrise die weltweiten Vermögensunterschiede immer mehr auseinander. Das reichste 1 % der Weltbevölkerung hatte gemäß den berichteten Befunden im Jahre 2009 44 % und im Jahre 2014 bereits 48 % des weltweiten Vermögens inne. Für 2016 erwartet Oxfam einen entsprechenden Anteil oberhalb der 50-Prozent-Marke. Andere Zahlen illustrieren die globale Vermögensungleichheit noch beeindruckender: So hatten 2014 weltweit lediglich 80 Multimilliardäre zusammen ein Gesamtvermögen, das dem Gesamtvermögen der ärmsten Hälfte der Menschheit (d.h. 3,5 Milliarden Personen) entsprach. Um das genannte Äquivalent für das Gesamtvermögen der ärmsten Hälfte der Weltbevölkerung zu erreichen, waren 2013 noch 85 und 2011 388 Superreiche erforderlich (vgl. hierzu Frankfurter Rundschau vom 20.01.2015, S. 14). All dies verdeutlicht die immense und noch weiter zunehmende weltweite Ungleichverteilung des privat gehaltenen Vermögens.

## *Politische Gefahren der Wohlstandspolarisierung*

Es verwundert daher nicht, dass auch in Deutschland mehr als zwei Drittel der Bevölkerung die derzeitige Einkommens- und Vermögensverteilung für ungerecht erachten und dass fast ebenso viele Personen der Meinung sind, dass die soziale Gerechtigkeit in Deutschland in der jüngeren Vergangenheit abgenommen habe (vgl. hierzu die Angaben in Krämer 2014). Die zunehmende Auseinanderentwicklung der Lebenslagen auch in Deutschland gibt daher m.E. durchaus begründeten Anlass zu Befürchtungen bezüglich sozialer Spaltungstendenzen.

Im Extremfall ist sogar die politische Demokratie bedroht. Auch wenn man das Marx'sche Primat der Wirtschaft über die anderen gesellschaftlichen Bereiche (d.h. auch über die Politik) nicht bedingungslos akzeptiert, führt in einem marktwirtschaftlichen System – bei unzulänglicher staatlicher Regulierung – eine zunehmende Polarisierung zu einem Machtzugewinn der in der Regel kleinen Schicht vermögender Produktionsmittelbesitzer und entsprechend spiegelbildlich zu einer zunehmenden, auch politischen Ohnmacht der übrigen Bevölkerungsgruppen.

Es erscheint daher nicht ausgeschlossen, dass alte kapitalistische Antagonismen wie der zwischen den Kapitaleigentümern (den „Kapitalisten") und den Arbeitnehmern (den „Proletariern") wieder mit Vehemenz aufbrechen. Sollte dies der Fall sein, wäre nicht nur das wirtschaftliche, sondern auch das politische System in Deutschland ernsthaft bedroht. Der SPIEGEL widmete seine Titelgeschichte der Ausgabe 43/2014 vom 20.10.2014 („Das schöne Geld! Wie der Kapitalismus unser Vermögen gefährdet") genau dieser Fragestellung und schrieb auf S. 67: „So ist die Krise des Kapitalismus bereits zu einer Krise der Demokratie geworden."

Gegen diese pessimistische Sicht könnte eingewandt werden, dass in Deutschland während der jüngsten Wirtschafts- und Finanzkrise vor allem die Kapitaleinkünfte rückläufig gewesen seien und solcherart zu einer gleichmäßigeren Verteilung der wirtschaftlichen Ressourcen geführt hätten. Diese Argumentation erscheint indes wenig stichhaltig, und zwar primär aus zwei Gründen. Erstens gab es in der jüngeren kapitalistischen Geschichte im 20. Jahrhundert bedingt durch die beiden Weltkriege temporär entsprechende Rückgänge in der Ressourcenungleichheit, ohne dass hierdurch die langfristige, hohe personelle Ungleichverteilung von Ressourcen nennenswert verändert worden wäre (vgl. in diesem Kontext vor allem Piketty 2014, S. 217–263). In diesem Sinne scheinen auch die Nivellierungstendenzen während der jüngsten Wirtschafts-/Finanzkrise nur temporärer Natur gewesen zu sein, denn bereits kurz nach dem Höhepunkt der Krise in Deutschland (2009) stiegen hierzulande z.B. die Bedeutung der Kapitaleinkünfte und in deren Gefolge die personelle Wohlstandsungleichheit wieder.

Der zweite Grund für den hier geäußerten Skeptizismus gegenüber behaupteten Nivellierungstendenzen liegt darin, dass zwar während der jüngsten Krise erzielte Gewinne zunächst nicht ausgeschüttet wurden, gleichwohl aber für die Ausschüttung an die Kapitaleigentümer nach der Krise zur Verfügung standen. Die gemessene Einkommensungleichheit ist ohne diese während der Krise in den Unternehmen einbehaltenen Gewinne definiert und daher (statistisch) zu niedrig ausgewiesen (vgl. hierzu Behringer/Theobald/van Treeck 2014).

## *Wegbrechen der Mittelschicht?*

In den entsprechenden Verteilungsdebatten wird zum Teil die gesellschaftliche Polarisierung mit einem Wegbrechen der für das ökonomische Gedeihen einer Gesellschaft bedeutsamen Mittelschicht in Verbindung gebracht. Auch wenn diese These mit dem vorliegenden Datenmaterial nicht vollständig gestützt werden kann, liefert sie dennoch einen weiteren (kleinen) Mosaikstein für das Auseinanderdriften der Lebensverhältnisse selbst in einem wohlhabenden Land wie Deutschland, das die jüngste Krise von den makroökonomischen Grunddaten her vergleichsweise gut bewältigt hat (vgl. hierzu Faik 2012a, S. 3–6).

Vor diesem Hintergrund geht das vorliegende Buch grundsätzlich der Frage nach, welches Ausmaß diese Polarisierungstendenzen speziell für Deutschland inzwischen angenommen haben. Diese Fragestellung wird verknüpft mit der Analyse, inwieweit die festgestellten Verteilungsentwicklungen unter dem Aspekt der Verteilungsgerechtigkeit im Bewusstsein der Bevölkerung, d.h.: bei ihrer Wahrnehmung und Beurteilung, als problematisch eingestuft werden. Beruht beispielsweise Reichtum in der Wahrnehmung der Bevölkerung vorrangig auf individueller Leistung, oder scheint er andersartig erworben zu sein? Hiermit eng verbunden ist die Untersuchung der individuellen Zufriedenheit mit der jeweiligen wirtschaftlichen bzw. mit der allgemeinen Lebenslage. Um es vorweg zu erwähnen: Die im Buch präsentierten Befunde

stützen – wie bereits eingangs angedeutet – nicht nur die
These von der stark gewachsenen Polarisierung innerhalb
der bundesdeutschen Gesellschaft, sondern auch die hiermit verbundenen negativen Bewertungen dieser Dispari-
täten durch die Bevölkerung.

## Staatliche Umverteilung

Zu dieser (für das bundesdeutsche Wirtschafts- und Gesellschaftsmodell durchaus gefährlichen) Entwicklung
tragen auch die Befunde bezüglich des Ausmaßes und der
Effektivität staatlicher Umverteilung in Deutschland bei.
Trotz der weiterhin durchaus beachtlichen Umverteilung
von Ressourcen „von oben nach unten" in der bundesdeutschen Gesellschaft durch das staatliche Steuer-Transfer-System legen die einschlägigen Befunde eine Tendenz
hin zu einer verminderten staatlichen Umverteilung nahe.
Auch dies trägt zu den gewachsenen Verteilungsdispari-
ten hierzulande bei.

## Einkommensmobilität

Eine starke Polarisierung der Lebensverhältnisse zu einem Zeitpunkt – „im Querschnitt" – wird eventuell dadurch abgeschwächt, dass sich über die Zeit hinweg – „im
Längsschnitt" – für die einzelnen Personen schlechte Lebenslagen in bessere verändern. Daher wird im Buch ana-
lysiert, wie durchlässig (mobil) die bundesdeutsche Wohlstandsverteilung faktisch ist: Bietet das deutsche Modell
ausreichend Möglichkeiten zu sozialem Aufstieg (dann allerdings auch mit der Gefahr sozialer Abstiege verbun-

den), oder sind die gesellschaftlichen Ränge gleichsam zementiert (wie in der Ständegesellschaft des 19. Jahrhunderts)? Ist das deutsche Gesellschaftsmodell also eher dynamisch oder eher statisch?

Auch hier sei das Ergebnis der einschlägigen Untersuchungen vorweggenommen: Gerade in der jüngsten Vergangenheit scheint die bundesdeutsche Gesellschaft zunehmend statischer geworden zu sein. Diese nachlassende Mobilität kommt auch in dem beachtlichen Ausmaß an Langzeitarbeitslosigkeit und hiermit korrelierender länger anhaltender Ressourcenarmut der Betroffenen zum Ausdruck.

*Verteilungsebenen*

Das Buch behandelt die genannten Aspekte auf der Basis reichhaltigen empirischen Materials, wobei indes die in der Verteilungsforschung gegebenen datenbezogenen Einschränkungen (vor allem in Bezug auf die Erfassung der Verteilungsrandbereiche der Armut und des Reichtums) zu beachten sind. Dies geschieht in methodisch differenzierter Weise, indem die verschiedenen Verteilungsebenen gezielt in das Blickfeld genommen werden:

- funktionale versus personelle Wohlstandsverteilung,
- Primär- versus Sekundärverteilung,
- längsschnittliche Mobilität (Zeitverlaufsperspektive) gegenüber querschnittlicher Ungleichheit (Betrachtung zu einem Zeitpunkt) sowie
- die Verteilungsrandbereiche der Armut und des Reichtums.

Hierbei werden die entsprechenden verteilungsbezogenen Entwicklungen mit gesellschaftlichen, demografischen und wirtschaftlichen Prozessen in Verbindung gebracht. Dies erfolgt vor dem Hintergrund der Frage, ob bzw. inwieweit die (starke) Betonung des Steuerungsinstruments des Marktes – mit seinen verteilungsrelevanten Krisen- und Globalisierungserscheinungen – zu Lasten staatlicher Einflussnahme auf das Verteilungsgeschehen zur Wohlstandsungleichheit in Deutschland nennenswert beigetragen hat. Die hierbei festgehaltenen Probleme werden im Buch mit konkreten Lösungsvorschlägen gekoppelt. Es wird etwa – und auch das sei bereits vorweggenommen – einer stärkeren Besteuerung (bzw. Verbeitragung) des Produktionsfaktors Kapital und einer zieladäquaten Transfergewährung das Wort geredet.

## Gliederung des Buches

Entsprechend ist die Gliederung des Buches: Nach klärenden, unumgänglichen Ausführungen zum Wohlstandsbegriff (und hierbei zu den am häufigsten als Wohlstandsgrößen verwendeten Einkommens- und Vermögenskategorien) in Kapitel 2 folgen Erörterungen zur Verteilungsgerechtigkeit in ihren vier Dimensionen der Startchancen-, Leistungs-, Bedarfs- und Generationengerechtigkeit (Kapitel 3).

Aufbauend auf den vorstehenden methodisch-normativen Darlegungen, werden in den Kapiteln 4 und 5 empirische Entwicklungen in der personellen Einkommens- und Vermögensverteilung für Deutschland in vielfältigen Differenzierungen präsentiert. Kapitel 6 spezifiziert diese Befunde dadurch, dass auf die Verteilungsrandbereiche der

Armut und des Reichtums expressis verbis eingegangen
wird. Kapitel 7 diskutiert mögliche Erklärungsansätze für
die festgestellten empirischen Entwicklungen.

Während die empirischen Befunde der Kapitel 4 bis 7
„quasi-objektiv" sind, handelt es sich bei den in Kapitel 8
diskutierten Verteilungswahrnehmungen in der bundesdeutschen Bevölkerung um subjektive Aussagen zu der
Gesamtverteilung bzw. zu ihren Randbereichen der Armut und des Reichtums. Sie liefern Anhaltspunkte dafür,
welches gesellschaftliche Gefahrenpotenzial bereits heute
den für Deutschland festgehaltenen Verteilungs- bzw.
Ungleichheitsentwicklungen innewohnt. Zugleich bilden
sie einen Maßstab bezüglich der gesellschaftlichen Relevanz mutmaßlicher künftiger Verteilungsungleichheit in
Deutschland, womit sich das Schlusskapitel 9 in Form verschiedener demografischer und wirtschaftlicher Szenarien
auseinandersetzt. Dieses letzte Kapitel beinhaltet zudem
neben einem derartigen Ausblick eine sozialpolitische Bewertung der für Deutschland festgestellten bzw. der ange-
nommenen künftigen Ungleichheitsergebnisse.

## Technischer Hinweis

Das Buch verzichtet bewusst auf Formeln und anderen
mathematischen „Ballast". Hierdurch sollen, so ist zumindest die Hoffnung des Autors, möglichst breite Le-
serschichten angesprochen und für das gesellschaftspoli-
tisch wichtige Thema der Ressourcenungleichverteilung
auf wissenschaftlichem Fundament sensibilisiert werden.
In diesem Sinne erschien es ratsam, auf die schwierigen
methodischen Aspekte der Verteilungsmessung inklusive
der Verwendung einschlägiger Fachbegriffe im Folgenden

nur soweit wie nötig einzugehen. Vertiefende methodische Betrachtungen zur Verteilungsthematik müssen daher der einschlägigen Fachliteratur entnommen werden
(vgl. hierzu z.B. Faik 1995).

## 2. Zum Wohlstandsbegriff

Ganz allgemein gesprochen, geht es in sozialwissenschaft-
lichen Verteilungsanalysen um die Verteilung ökonomi-
scher, sozialer oder kultureller Ressourcen innerhalb einer
Gesellschaft, aber auch zwischen Gesellschaften. Letztlich handelt es sich um die Verteilung von Handlungs-
spielräumen (im Sinne von Amartya Sen; vgl. etwa Sen
2000), die durch den Erwerb und durch den Besitz mate-
rieller wie immaterieller Güter erzeugt werden.

### 2.1 Zum Verhältnis von Wohlstand
und Wohlfahrt

Grundlegender Ausgangspunkt verteilungsbezogener
Analysen ist daher das Wohlergehen von Individuen bzw.
von Personengemeinschaften. Bildlich gesprochen, geht es
um die stückweise Aufteilung eines „Kuchens" auf die jeweiligen Untersuchungseinheiten.

Während hierbei mit Wohlstand die materielle Versor-
gungslage von Individuen gemeint ist, umfasst der Begriff
Wohlfahrt zusätzlich auch immaterielle Größen wie Freiheit, Frieden, Gesundheit u.ä. Die Wohlstandskonzep-
tion, die im Folgenden im Vordergrund steht, stellt entsprechend einen Teilaspekt der Wohlfahrt dar.

*Wohlstandsindikatoren*

Als Indikatoren zur Erfassung des Phänomens Wohlstand
stehen prinzipiell drei Größen zur Verfügung:

1. das Einkommen,
2. das Vermögen und
3. der Privatverbrauch.

Insbesondere unter dem Aspekt der Bedarfsgerechtigkeit, der im sozialpolitischen Kontext prioritär ist, fasst
man typischerweise die Wohlstandsressourcen gemein-
sam wirtschaftender Personen zusammen und erhält solcherart haushaltsbezogene Wertangaben, d.h. das Haushaltseinkommen, das Haushaltsvermögen oder den Verbrauch eines Privathaushalts (vgl. z.B. Faik 1995, S. 32–33).

*Äquivalenzskalen*

Da sich die einzelnen Haushalte üblicherweise in ihrer
Größe und/oder Zusammensetzung voneinander unterscheiden, ist es notwendig, die verwendete Wohlstandsgröße (vor allem Einkommen bzw. Ausgaben) entsprechend zu normieren. Dies geschieht mathematisch mittels
der Division durch eine Variable, welche man mit einem
Fachbegriff Äquivalenzskala nennt. Dem Haushaltsvorstand wird hierbei ein Gewicht in Höhe von Eins (bzw.
100 %) zugeordnet, und den weiteren Haushaltsmitglie-
dern werden – wegen der Existenz von Haushaltsgrö-
ßenvorteilen – Gewichte kleiner Eins zugewiesen, wobei
diese letztgenannten Gewichte noch zusätzlich z.B. nach
dem Alter abgestuft sein können. Haushaltsgrößenvorteile ergeben sich aus dem gemeinsamen Wirtschaften und

sind etwa die Folge der Teilung von Fixkosten (wie der Telefongrundgebühr oder dergleichen). Die Summe der Gewichte im Haushaltszusammenhang bildet die haushaltsbezogene Äquivalenzskala (zum Begriff und Konzept der Äquivalenzskala vgl. Faik/Hauser 1998, S. 13–15; vgl. auch Faik 2005, S. 545, oder grundsätzlich Faik 1995).

Beispiele für vielfach verwendete Äquivalenzskalen sind die sogenannte „alte" und „neue OECD-Skala". Bei der „alten OECD-Skala" erhält eine Person ab 15 Jahren, die formal als Haushaltsvorstand bezeichnet wird, ein Gewicht in Höhe von 1,00; die anderen Personen im Alter ab 15 Jahren bekommen ein Gewicht von 0,70 zugewiesen und Personen unterhalb von 15 Lebensjahren ein solches in Höhe von 0,50. Bei der „neuen OECD-Skala" sind größere Haushaltsgrößenersparnisse unterstellt, und die betreffenden Gewichte lauten: erster 15-Jähriger und Älterer: 1,00, weitere 15-Jährige und Ältere: 0,50, Haushaltsmitglieder jünger als 15 Jahre: 0,30 (vgl. hierzu OECD 2015).

Geht man beispielsweise von einem aus zwei Erwachsenen und zwei unter 15-Jährigen bestehenden Haushalt mit einem Haushaltseinkommen in Höhe von 3.000 Euro aus, beträgt das äquivalente Haushaltseinkommen bei Unterstellung der „alten OECD-Skala": 3.000 Euro / (1,00 + 0,70 + 2 · 0,50) = 3.000 Euro / 2,70 = 1.111,11 Euro. Bei Verwendung der „neuen OECD-Skala" erhält man in diesem Fall als äquivalentes Haushaltseinkommen: 3.000 Euro / (1,00 + 0,50 + 2 · 0,30) = 3.000 Euro / 2,10 = 1.428,57 Euro. In beiden Fällen ist das äquivalente Haushaltseinkommen aufgrund der Unterstellung von Haushaltsgrößenersparnissen höher als das Pro-Kopf-Haushaltseinkommen (3.000 Euro / 4 = 750 Euro).

Während also die Division durch im Vergleich zur Haushaltsgröße kleinere haushaltsbezogene Äquivalenzskalenwerte bei Einkommens- und Ausgabengrößen üblich ist, dividiert man das Haushaltsvermögen in der Regel durch die Haushaltsgröße. Man weist damit für das Vermögen eine Pro-Kopf-Größe aus. Der Grund hierfür ist, dass das in einem Haushalt vorhandene Vermögen in einer bestimmten Periode in der Regel nur in geringem Maße verausgabt wird bzw. zur Verausgabung zur Verfügung steht. Ein Haushalt ist hinsichtlich des Vermögens typischerweise keine Verbrauchsgemeinschaft, und daher spielen hier Haushaltsgrößenvorteile im Grunde genommen keine (bedeutende) Rolle.

*Personengewichtung*

Die auf die vorstehende Weise normierten Wohlstandswerte (für Einkommen, Vermögen oder Ausgaben) werden schließlich in einem letzten operativen Schritt mit den Personenzahlen der Haushalte gewichtet, um auf diese Art und Weise als statistische Grundgesamtheit die Populationsgröße des Untersuchungsgebiets zu erhalten. Hinter dieser Vorgehensweise steht die Vorstellung, dass letztendlich das einzelne Individuum der Empfänger von Wohlstand ist (vgl. hierzu z.B. Faik 1995, S. 36–39). Entsprechend bilden Personen (und nicht Haushalte) als Untersuchungseinheiten die Basis für die in den Kapiteln 4 bis 6 besprochenen personellen Einkommens- und Vermögensverteilungen.

## 2.2 Einkommensbegriffe

Von den drei genannten Wohlstandsindikatoren wird in Wohlstandsuntersuchungen das Einkommenskonzept am häufigsten verwendet. Zum einen ist dies inhaltlich bedingt, zum anderen hat es datenbezogene Gründe. Dies wird nachfolgend näher dargelegt.

*Unterschiede zu Konsumausgaben und Vermögen*

Gegenüber den Konsumausgaben liegt dies primär in seiner umfassenderen Begrifflichkeit begründet, da Einkommen über die aktuelle Güterkonsumption hinaus auch zur Ersparnisbildung und damit zu künftigem Güterkonsum genutzt werden kann.

Im Vergleich zum Vermögen sprechen vor allem Vorteile bei der Datenerhebung für das Einkommenskonzept. Außerdem gibt es bei einzelnen Vermögensarten Bewertungsprobleme: Mit welchen Größen soll z.B. das Immobilienvermögen bewertet werden (zumal wenn lokale Vergleichswerte etwa aus dem Verkauf von Nachbargrundstücken oder dergleichen fehlen)? Auch sind einzelne Vermögensarten nur schwer bzw. – wie das Sozialvermögen – gar nicht veräußerlich und dienen daher zumindest in der Gegenwart eventuell nur eingeschränkt dem individuellen Wohlergehen. Hier hat das Einkommenskonzept komparative Vorteile.

*Markt- versus verfügbares Einkommen*

Grundsätzlich ist die Unterscheidung zwischen Markt- und verfügbarem Einkommen wichtig. Das Markteinkommen ist in einer Marktwirtschaft das Einkommen, das aus dem Produktionsprozess für die Inputgrößen Arbeit (als Arbeitseinkommen) und Kapital (als Kapitaleinkommen – synonym: Gewinneinkommen; einschließlich der Bodenpacht) resultiert. Es ist zwar insofern eine Bruttogröße, als es die staatliche Umverteilung außer Acht lässt, es unterscheidet sich aber vom sogenannten Bruttoeinkommen dahingehend, dass es die Transfereinkommen (wie Renten- oder Kindergeldzahlungen) nicht beinhaltet. Zieht man vom letztgenannten Bruttoeinkommen die Steuern und Sozialabgaben ab, erhält man die Größe des verfügbaren Einkommens, das auch als Nettoeinkommen bezeichnet wird und bei dem es sich entsprechend um ein Einkommen *nach* Steuern und *nach* Zahlung von Transfers handelt.

Das Konzept des Haushaltsnettoeinkommens ist allerdings in intertemporaler Perspektive insofern problematisch, als es auch sogenannte „gemischte Transaktionen" enthält. Damit sind Elemente der Verzinsung, des Risikoausgleichs und des Kapitalverzehrs gemeint, welche vornehmlich bei privaten Lebensversicherungen zu Tage treten, aber auch z.B. bei den Transferzahlungen der gesetzlichen Rentenversicherung relevant sind (vgl. Becker/Hauser 2003, S. 57–58). Ökonomisch ausgedrückt, steht einer aktuellen Verzinsung die Verbeitragung von Einkommensbestandteilen in einer früheren Periode gegenüber, sodass in intertemporaler Sicht in diesem Fall der aktuelle Wohlstand zu hoch und der frühere Wohlstand zu niedrig ausgewiesen werden.

Auch kann die in der Regel in den Daten fehlende Berücksichtigung der indirekten Steuern (wie der Umsatzbzw. Mehrwertsteuer) als Abzugskomponente von der Brutto- zur Nettoeinkommensebene problematisiert werden. Diese Sichtweise ergibt sich dadurch, dass auch die indirekten Steuern auf das individuelle Wohlstandsniveau einwirken. Eine empirisch begründete These ist, dass die Mehrwertsteuerbelastung tendenziell regressiv wirkt, also die unteren Einkommensschichten relativ stärker als die oberen betrifft. Der Grund hierfür besteht darin, dass die (durchschnittlichen und die Grenz-)Konsumquoten mit zunehmendem Einkommensniveau abnehmen, was zugleich höhere entsprechende Sparquoten bzw. -möglichkeiten für die Besserverdienenden impliziert. Daher werden Besserverdienende relativ zu ihrem Einkommensniveau geringer mit Verbrauchssteuern als untere Einkommensschichten belastet (vgl. hierzu Zipfel 2009). Aus diesem Grund weist die Nichtberücksichtigung der indirekten Steuern in Verteilungsanalysen die gemessene Einkommensungleichheit tendenziell zu niedrig aus.

## Erfassung einzelner Einkommensarten

Diese Ausführungen stehen in einem engen Zusammenhang zur Frage nach der Berücksichtigung einzelner (Brutto-)Einkommenskomponenten in den verfügbaren Daten. Im Sinne eines möglichst umfassenden Einkommensbegriffs müssten über die monetären Einkommensbestandteile hinaus sinnvollerweise auch nichtmonetäre Elemente wie staatliche Realtransfers (z.B. im Gesundheits- oder Bildungssektor) oder die nicht über den Markt vermittelte Eigenproduktion von Sachgütern bzw. Dienstleistungen (z.B. im Rahmen der Hausarbeit) Berücksichtigung finden. Gerade für internationale Wohlstandsvergleiche mit national unterschiedlicher Relevanz staatlicher Realtransfers oder von Eigenproduktion erscheint deren Berücksichtigung grundsätzlich indiziert.

Hier ergeben sich aber größere Bewertungsprobleme. Erste, in ihrer Aussagekraft aber wegen ihrer Selektivität recht eingeschränkte Versuche für Deutschland, die Ungleichheitsauswirkungen von Realtransfers abzuschätzen, stammen von Holler/Kistler/Wiegel (2015; daneben vgl. auch die Berücksichtigung bestimmter Realtransfers bei der Messung regionaler relativer Einkommensarmut in Hillringhaus/Peichl 2010). Für die Realtransfers „Kinderbetreuungsleistungen" und „Schulbesuch" deuten die betreffenden Untersuchungsergebnisse darauf hin, dass deren Einbezug die gemessene personelle Einkommensungleichheit tendenziell vermindert.

Ebenso sind bei einer möglichst umfassenden Einkommensbegrifflichkeit auch Kapitalgewinne, Unterhaltszahlungen, nicht verteilte Gewinne, freiwillige betriebliche Sozialleistungen sowie andere Vergünstigungen durch die Unternehmen zu berücksichtigen. Aufgrund von Datenproblemen fehlen aber vielfach zumindest einige dieser Einkommensarten im in der Regel verwendeten Einkommensbegriff bzw. sind – wie die Kapitalgewinne – deutlich untererfasst. Auf die besondere Problematik der nicht verteilten Gewinne werde ich später im Zusammenhang mit den empirischen Befunden zur personellen Einkommensverteilung in Deutschland noch zurückkommen.

*Realeinkommen*

Im Rahmen von Verteilungsanalysen ist darauf zu achten, dass die zugrunde liegenden Einkommensgrößen preisbereinigt und entsprechend als reale Größen ausgewiesen sind. Der Grund hierfür liegt darin, dass inflationäre Einflüsse eine unterschiedliche Wertigkeit von Einkommensniveaus bewirken. Mit einem gegebenen Einkommen kann je nach Inflationsentwicklung, d.h. je nach Höhe der Lebenshaltungskosten, ein unterschiedlich großes Güterbündel erworben werden.

Ein (zugegebenermaßen etwas konstruiertes, vorrangig didaktisches) Beispiel soll den vorstehenden Sachverhalt erläutern: Bei einem gegebenen Budget von 1.000 Euro können bei einem Preis von 5 Euro pro Flasche Wein maximal 200 Flaschen Wein erworben werden („Wein" hier sozusagen als Platzhalter von „Konsumausgaben"). Steigt nun der Preis für eine Flasche Wein auf 10 Euro, können nur noch maximal 100 Flaschen Wein gekauft werden. Die reale Wohlstandslage hat sich verschlechtert. Dies kann in diesem Beispiel auch dadurch ausgedrückt werden, dass das Budget von 1.000 Euro durch die Preiserhöhung von 100 % dividiert wird, also 1.000 Euro / 2,0 gerechnet wird, so dass sich das reale Budget nach der Preiserhöhung nur noch auf 500 Euro beläuft – gegenüber 1.000 Euro vor der Preiserhöhung.

## 2.3 Vermögensbegriffe

Im Unterschied zur Stromgröße Einkommen ist der alternative Wohlstandsindikator Vermögen eine Bestandsgröße; d.h.: er bezieht sich auf einen bestimmten Stichtag. Er kann als „geronnenes Einkommen" interpretiert werden.

## Funktionen von Vermögen

Wirtschaftliches Vermögen hat mindestens fünf gesell-schaftliche Funktionen (vgl. hierzu Folkers 1981, S. 30; vgl. auch Fachinger 1998, S. 8):

– die *Machtfunktion* im Sinne der Verleihung wirtschaft-licher und sozialer Macht,
– die *Verwertungsfunktion* im Sinne der Schaffung von Potenzial zur Einkommenserzielung,
– die *Nutzungsfunktion* in Form der Nutzung von Sach-vermögen,
– die *Sicherungsfunktion* in Form der Absicherung gegen Risiken sowie
– die *Übertragungsfunktion* im Sinne der Übertragung von Vermögen nach eigenem Willen auf andere Perso-nen.

## Unterschiedliche Vermögensabgrenzungen

Typischerweise unterscheidet man zwei grundlegende Vermögensausformungen: Das Volksvermögen im enge-ren und im weiteren Sinne. Das *Volksvermögen im enge-ren Sinne* enthält das Sach-, das Betriebs-, das Geld- und das Immobilienvermögen. Berücksichtigt man zusätz-lich auch noch das Natur-, das Sozial-, das Human- und das kulturelle Vermögen eines Landes, spricht man vom *Volksvermögen im weiteren Sinne* (vgl. in diesem Kontext auch Frick/Grabka/Hauser 2010, S. 17–19, oder Grabka/ Westermeier 2014, S. 152).

Insbesondere die letztgenannten Vermögensbestandteile sind durch besondere Erfassungs- und Bewertungsprobleme gekennzeichnet. Es treten aber auch schon beim Volksvermögen im engeren Sinne Bewertungsprobleme auf. So stellt sich etwa beim Immobilienvermögen die Frage nach der Bewertung zu den aktuellen Marktpreisen, zu den Anschaffungspreisen oder gegebenenfalls zu steuerlichen (Einheits-)Werten.

Zieht man vom erfassten Bruttovermögen die Verbindlichkeiten ab, erhält man das für Verteilungsanalysen maßgebliche Netto- oder Reinvermögen. Analog zum Einkommen ist dabei auch beim Vermögen sinnvollerweise auf reale Vermögenswerte abzustellen, um die durch Preiserhöhungen bewirkten Wohlstandsverluste zum Ausdruck zu bringen.

Losgelöst von den Erfassungs- und Bewertungsproblemen, kann die Ermittlung bzw. Messung des Volksvermögens – zumindest des Volksvermögens im weiteren Sinne – auch von einer grundsätzlichen Warte aus kritisiert werden, wie das folgende Zitat von Engels/Sablotny/ Zickler (1974, S. 29) eindrucksvoll belegt:

„Ein Reicher ist besser dran als ein Armer. Das ist trivial. Für den Vergleich zweier Gruppen von Menschen gilt der Satz immer noch. Für eine Volkswirtschaft wird er falsch. Das Land mit dem höchsten denkbaren Wohlstand – das Schlaraffenland – hat ein Volksvermögen von Null. Alle Güter sind sogenannte freie Güter. Sie haben keinen Preis, und so gibt es auch kein Vermögen. Dieses Schlaraffenland-Paradoxon begegnet uns in jeder realen Wirtschaft. Wird sauberes Wasser knapp, dann werden Quellen, die früher nichts wert waren, zu Vermögen. Der Wohlstand hat sich vermindert, aber das Volksvermögen ist gestiegen. Bei Grund

und Boden (dem größten Teil des Volksvermögens) ist es ebenso. Hohe Bodenpreise sind Ausdruck der Knappheit. Die Höhe des Volksvermögens hat mit dem natürlichen Reichtum eines Volkes wenig zu tun.“

Außerdem ergibt sich für das als Differenz aus Forderungen und Verbindlichkeiten definierte (Netto-)Geldvermögen gesamtwirtschaftlich in einer geschlossenen Volkswirtschaft (d.h. in einer Volkswirtschaft ohne wirtschaftliche Beziehungen zum Ausland) eine Besonderheit in Form eines Wertes in Höhe von Null. Dies resultiert in diesem Fall daraus, dass jeder Forderung eines inländischen Wirtschaftssubjekts eine gleich hohe Verbindlichkeit eines anderen inländischen Wirtschaftssubjekts gegenübersteht. Folgerichtig entspricht das gesamte Geldvermögen einer offenen Volkswirtschaft wie Deutschland der Nettoauslandsposition des Inlands, d.h. der Differenz aus Forderungen und Verbindlichkeiten des Inlands gegenüber dem Ausland.

Für Verteilungsanalysen wie die in diesem Buch vorgenommenen sind indes weniger solche gesamtwirtschaftlichen Betrachtungen, sondern eher disaggregierte, einzelwirtschaftliche Erörterungen von Relevanz. Hierbei ist zum einen bedeutsam, dass selbst in einer geschlossenen Volkswirtschaft intersektoral, d.h. zwischen den Sektoren Staat, Privathaushalte und Unternehmen, Geldvermögensangaben möglich sind, welche von Null verschieden sind. Zum anderen beziehen sich die später dargelegten Befunde zur Geldvermögensverteilung in Deutschland ausschließlich auf den Sektor der Privathaushalte und damit auf die Verteilung der Geldvermögen zwischen den in Privathaushalten lebenden Personen.

*Marktbewertung von Vermögen*

In entsprechenden Analysen der Vermögensbestände der *privaten Haushalte* und ihrer Verteilung werden in der Regel nur materielle Vermögenskategorien – ganz im Sinne einer Wohl*stands*betrachtung – zugrunde gelegt. In einer Marktwirtschaft werden die einzelnen berücksichtigten Vermögensgüter – unter dem Gesichtspunkt ihrer Verwertbarkeit – grundsätzlich zu ihren Marktpreisen bewertet (ungeachtet der hiermit verbundenen Grundproblematik, wie sie aus dem obigen Zitat von Engels/Sablotny/Zickler zum Ausdruck kommt).

Eine solche Bewertung ist indes auch deshalb nicht ganz unproblematisch, weil Marktpreise myopisch verzerrt sein können. Durch sie kommen möglicherweise die langfristigen Knappheitsverhältnisse für Güter nicht angemessen zum Ausdruck. Das heißt: Die langfristigen Ressourcenbestände werden gegebenenfalls nicht adäquat durch die Marktpreise angezeigt. So kann z.B. ein aktuell vergleichsweise niedriger Rohöl- bzw. Benzinpreis nur die aktuell gegebenen Angebots- und Nachfragegegebenheiten auf dem Rohöl- bzw. Benzinmarkt darlegen, aber nicht das (mögliche) Aufbrauchen sämtlicher Rohölvorkommen auf der Erde in ein paar Jahrzehnten. Bei Berücksichtigung des letztgenannten Sachverhaltes müsste nämlich der Preis von Rohöl bzw. Benzin – im Sinne von dessen (intertemporalem) Wert – aktuell (wesentlich) höher veranschlagt werden.

Der Marktbezug bedeutet überdies (weitgehend) den Ausschluss des Humankapitals und des – im Rahmen der gesetzlichen Rentenversicherung erworbenen – Sozialvermögens. Auch das nicht (bzw. nur bedingt) marktgängige Gebrauchsvermögen (z.B. Hausrat) bleibt dann außer

Ansatz. Hinzu kommt, dass einzelne Sachvermögensgü-
ter (wie z.B. Schmuck, Kunstgegenstände oder Sammlun-
gen) trotz eines gegebenen Marktwertes statistisch zum
Teil nicht erhoben werden, sodass mitunter der Vermö-
gensbegriff das Sachvermögen nicht enthält (vgl. hierzu
auch Faik/Schlomann 1997, S. 90–91). Eine Ausnahme bildet der Haus- und Grundbesitz der privaten Haushalte,
welcher der speziellen Kategorie „Grund"- bzw. „Immobilienvermögen" subsumiert wird.

Die skizzierten Probleme bei der Vermögenserfassung
und -bewertung haben dazu geführt, dass in den gängigen Datenbasen nur ausgewählte Vermögenskomponenten enthalten sind. Daher wird das Volksvermögen (selbst
im engeren Sinn) regelmäßig untererfasst. Dies ist unbedingt bei den später präsentierten vermögensbezogenen
Verteilungsbefunden zu beachten.


## 2.4 Verteilungsarten

Je nach Betrachtungsweise und Erkenntnisinteresse lassen sich eine Reihe verschiedener Verteilungsdimensionen
erkennen. Auszugsweise können die nachfolgenden Be-
griffspaare genannt werden, die in diesem Buch von Bedeutung sind (vgl. in diesem Zusammenhang auch Becker/
Hauser 2003, S. 13–20).


### *Funktionale versus personelle Verteilung*

Die funktionale Verteilung meint die Distribution der
Produktionsergebnisse und damit des Gesamteinkommens einer Volkswirtschaft auf die Produktionsfaktoren

Arbeit, Boden und Kapital. Hierbei findet typischerweise eine methodische Verengung auf die Produktionsfaktoren Arbeit und Kapital statt, indem die Bodenpacht dem Faktor Kapital zugerechnet wird. Die quotierten Größen der Lohn- und der Gewinnquote werden im Sinne der Anteile der Lohnsumme (synonym: Arbeitseinkommenssumme) bzw. der Gewinneinkommenssumme (synonym: Kapitaleinkommenssumme) am Volkseinkommen berechnet. Im Unterschied hierzu ist unter der – in diesem Buch im Vordergrund stehenden – personellen Verteilung die Aufteilung des gesamtwirtschaftlichen Einkommens auf die Mitglieder dieser Volkswirtschaft zu verstehen.

Funktionale und personelle Verteilung unterscheiden sich durch das Ausmaß der Querverteilung, d.h. um das Ausmaß, in dem Lohneinkommensbezieher auch Gewinneinkommen aus Aktienerträgen u.ä. und Gewinneinkommensbezieher auch Lohneinkommen für ihren Arbeitseinsatz erhalten. Auch ist zu berücksichtigen, dass bei der funktionalen Einkommensverteilung die Heterogenität innerhalb der Lohn- und der Gewinneinkommen nicht ausgewiesen wird. So gehen sowohl das hohe Gehalt eines leitenden Angestellten als auch das niedrige Gehalt eines Auszubildenden undifferenziert in die Lohneinkommenssumme und damit in die Lohnquote ein.

## Primär- versus Sekundärverteilung

Die personellen Markteinkommen sind für die Primäreinkommensverteilung konstituierend, während der Einbezug von Umverteilungen durch das Steuer- und Transfersystem in der Sekundärverteilung Ausdruck findet. Während demnach sozusagen Bruttoeinkommensgrößen

(ohne Transfers) die Grundlage der Primäreinkommensverteilung bilden, sind dies bei der Sekundäreinkommensverteilung Nettoeinkommensgrößen, d.h. Einkommenswerte nach Steuerzahlung und nach Transfergewährung.
Aus den Unterschieden zwischen Primär- und Sekundärverteilung kann auf das Ausmaß der durch das Steuer-
Transfer-System ausgelösten Umverteilung geschlossen
werden.

## *Inter- versus Intragruppenverteilung*

Betrachtet man die Einkommensunterschiede zwischen
Personengruppen, ist die Ebene der Intergruppenvertei-
lung angesprochen. Die Betrachtung von Einkommens-
divergenzen innerhalb einer Gruppe wird hingegen durch
den Begriff der Intragruppenverteilung erfasst. Ein Beispiel für das hier relevante Begriffspaar ist die generative
Verteilungsfrage. Sie bezieht sich sowohl auf die wirtschaftlichen Unterschiede zwischen den Generationen
(intergenerative Verteilung) als auch auf die Unterschiede
innerhalb der einzelnen Generationen (intragenerative
Verteilung).

## *Querschnitts- versus längsschnittbezogene*
*Verteilung*

Des Weiteren können Verteilungsunterschiede zu einem bestimmten Zeitpunkt (Querschnittsperspektive)
mit Verteilungsänderungen über die Zeit hinweg (Längsschnittperspektive) verglichen werden, wobei bei der letztgenannten Vorgehensweise insbesondere Verteilungsän-

derungen identischer Untersuchungseinheiten gemeint sind. In diesem Fall spricht man auch von Panelbetrachtungen. Diese sind insbesondere bei der Untersuchung wohlstandsbezogener Mobilität von Bedeutung.

## *Verteilungsränder der Armut und des Reichtums*

Unter anderem zur Prüfung der Thesen von Polarisierungs- oder Annäherungstendenzen in der Wohlstandsverteilung wird auf deren Extrembereiche geblickt. Es gibt hierbei verschiedene Abgrenzungsmöglichkeiten des Armuts-, aber auch des Reichtumsbereiches.

So können beide Bereiche relativ im Sinne eines Anteils am bzw. eines Vielfachen vom Mittelwert des gesamtgesellschaftlichen Wohlstands definiert werden. Zum Beispiel könnte man bei 50 oder 60 % eines mittleren Einkommenswertes die relative (Einkommens-)Armutsgrenze und bei 200 oder 300 % dieses Einkommensmittelwertes die relative (Einkommens-)Reichtumsgrenze ziehen.

Die Grenzen können aber auch absolut – und losgelöst von Mittelwertbetrachtungen – durch die Vorgabe fester Wohlstandswerte bzw. fester Geldbeträge zur Definition eines Armuts- und eines Reichtumsbereiches festgelegt werden. Diese Grenzwerte können etwa das Ergebnis von Expertenurteilen sein. Da sie allerdings in der Regel soziokulturelle Besonderheiten beinhalten, sind auch solche absoluten Festlegungen von Armuts- bzw. Reichtumsgrenzen letztendlich in dem Sinne relativ, dass sie sich an Normen der betrachteten Gesellschaft orientieren. Konkret bedeutet dies die Orientierung an den Teilhabemöglichkeiten am gesellschaftlichen Geschehen: sozusagen

unterhalb einer gesellschaftlichen Norm im Armutsfall
und sozusagen oberhalb einer anderen gesellschaftlichen
Norm im Falle von Reichtum.

## 2.5 Zur Datenproblematik bei der Messung
## von Wohlstand

Die vorstehenden methodischen Überlegungen lassen
vergleichsweise hohe Anforderungen an das zugrunde
zu legende Datenmaterial erkennen. Allerdings wird die
Datenlage in Deutschland diesen Anforderungen nur teilweise gerecht. Üblicherweise werden nämlich – wie oben
bereits angedeutet – lediglich Teilaspekte der personellen
Einkommens- und Vermögensverteilung durch die Datenbasen berücksichtigt.

Vergleichsweise umfassende Informationen sowohl
zum Einkommen als auch zum Vermögen enthalten dabei das Sozioökonomische Panel und die Einkommens-
und Verbrauchsstichprobe:

### Sozioökonomisches Panel (SOEP)

Das seit 1984 jährlich erhobene SOEP eignet sich aufgrund
seines Panelerhebungsdesigns und aufgrund seiner jährlichen Erhebung grundsätzlich gut für Längsschnittbe-
trachtungen ebenso wie für die Bildung von Zeitreihen.
Die einzelnen Stichproben umfassen zwischen ca. 5.000
und ca. 15.000 Haushalte, und die Personenzahl des SOEP
liegt aktuell bei fast 25.000 Personen.

Im SOEP werden zahlreiche soziodemografische
Merkmale wie Erwerbs- und Familienbiografien, die be-

rufliche Mobilität, Einkommensverläufe sowie Aspekte zur Gesundheit und Lebenszufriedenheit erhoben (vgl. hierzu Frick/Krell 2009, S. 11). Einkommensinformationen werden zum einen retrospektiv in Form der Vorjahreseinkommen erfragt; zum anderen wird im Erhebungsmonat nach dem Haushaltsnettoeinkommen gefragt (vgl. Goebel et al. 2008, S. 78). In die SOEP-Haushaltsnettoeinkommensvariablen werden teilweise Einkommenswerte imputiert, wie z.B. der Mietwert selbstgenutzten Wohneigentums in das Vorjahreseinkommen (nicht aber in das Monatseinkommen; vgl. hierzu ebenda, S. 100–101).

Vermögensinformationen sind im SOEP bislang in den Jahren 1988, 2002, 2007 sowie 2012 enthalten gewesen. Seit 2002 wird dabei das Vermögen auf der individuellen Ebene bei Personen im Alter von mindestens 17 Jahren abgefragt, und es setzt sich aus dem Geld-, dem Immobilien-, dem Betriebs- und bestimmten Teilen des Sachvermögens (wie Schmuck oder Kunstgegenstände) zusammen (allerdings z.B. ohne Bargeldbestände; vgl. zur SOEP-Vermögenskonzeption grundsätzlich Frick/Grabka/Marcus 2010).

## Einkommens- und Verbrauchsstichprobe (EVS)

Für bundesdeutsche Querschnittsbetrachtungen wird in Deutschland häufig auch auf die Einkommens- und Verbrauchsstichproben abgestellt (zur EVS-Konzeption vgl. z.B. Becker/Hauser 2003, S. 71–81). Diese werden seit 1962 in etwa fünfjährigem Turnus vom Statistischen Bundesamt im Zusammenwirken mit den Statistischen Landesämtern erhoben – mittlerweile insgesamt elfmal, zuletzt 2013. Mit ca. 35.000 bis 60.000 Haushalten und ca.

100.000 bis 120.000 Personen sind die Einkommens- und
Verbrauchsstichproben relativ große Stichproben. Zudem
werden die Einkommens- und Ausgabenwerte der privaten Haushalte in einem hohen Detaillierungsgrad erhoben.

In ihren Schlussinterviews ermitteln die Einkommens-
und Verbrauchsstichproben das Brutto- und Nettovermögen eines Haushalts, allerdings unter Vernachlässigung
einzelner Vermögensarten. Das in den Einkommens- und
Verbrauchsstichproben ausgewiesene Geldvermögen glie-
dert sich in folgende Bestandteile: Sparguthaben, Wert-
papiere, Bausparguthaben, sonstiges Geldvermögen (z.B.
Festgeld) sowie Lebens-, Sterbegeld-, Ausbildungs- und
Aussteuerversicherungsguthaben. Auch werden die Kre-
ditverpflichtungen nach der Höhe der Restschuld erfasst.
Nicht berücksichtigt sind indes die Bargeld- und Sicht-
guthabenbestände.

Darüber hinaus wird in der EVS das Immobilienvermögen erfasst, wobei die Selbsteinstufungen der Befragten in Form der Verkehrswerte bzw. alternativ (inzwischen aber nur noch in seltenen Fällen) die steuerlichen
Einheitswerte zugrunde gelegt werden. Das Sachvermögen ist in der EVS nur rudimentär und zum Teil nur qualitativ (Besitz: ja oder nein) berücksichtigt. Angaben zum
Betriebsvermögen sind in der EVS seit einschließlich 1988
nicht mehr enthalten – mit der Ausnahme des dem Geldvermögen zugeordneten Aktienbesitzes (zu den Vermö-
gensrechnungen im Rahmen der Einkommens- und Verbrauchsstichproben vgl. z.B. Faik 1997 und die dortigen
Literaturangaben).

Zum privaten Vermögen finden sich darüber hinaus Informationen in Datensätzen der Deutschen Bundesbank
und der Europäischen Zentralbank (bzw. speziell zum

Sparverhalten auch noch im nachfolgend nicht behandelten, sogenannten SAVE-Paneldatensatz vom Munich Center for the Economics of Aging – MEA):

## Bundesbank-Finanzierungsrechnung

Alternativ zur Erfassung der Geldvermögen in der EVS wird jährlich von der Deutschen Bundesbank eine Finanzierungsrechnung zum bundesdeutschen Geldvermögensbestand und seiner jahresbezogenen Veränderung nach den Gliederungskriterien Fristigkeit, Anlagesektor und Anlageart erstellt (vgl. ebenda). Die Bundesbank-Finanzierungsrechnung fußt auf Meldungen der bundesdeutschen Kreditinstitute. Erfasste Anlagearten sind die Anlagen bei Banken (Bargeld und Sichtguthaben, Termingelder, Sparbriefe sowie Spareinlagen), bei Bausparkassen, bei Versicherungen, in Wertpapieren (Rentenwerte, Aktien, Investmentanteile) sowie in sonstigen Forderungen (d.h. als Ansprüche aus betrieblichen Pensionszusagen). Von 1990 bis 1994 existierte eine regionale Unterscheidung nach West- und Ostdeutschland (vgl. ebenda).

## Panel on Household Finances (PHF)

Das PHF ist eine auf Initiative der Europäischen Zentralbank (in Deutschland von der Deutschen Bundesbank) durchgeführte, international angelegte Haushaltsbefragung bezüglich der jeweiligen haushaltsbezogenen Finanzlage. Die erste PHF-Welle stammt für die meisten Teilnehmerländer, so auch für Deutschland, aus dem Jahre 2010. Es wird insbesondere die Nettovermögenslage von

Haushalten abgefragt, und zwar über die Variablen des
Sach- und Finanzvermögens abzüglich der Verbindlichkeiten. Dabei handelt es sich um Selbsteinstufungen der
Befragten. Darüber hinaus enthält das PHF einzelne Fragen zu Konsum und Einkommen; im Vordergrund steht
aber eindeutig die Erfassung privaten Vermögens. An der
ersten Panelwelle aus dem Jahre 2010 nahmen in Deutschland etwa 3.500 Haushalte mit gut 6.600 Personen teil. Die
zweite PHF-Welle wurde im Frühjahr 2014 erhoben (vgl.
zum PHF etwa Deutsche Bundesbank 2012).

    Ausschließlich Einkommensinformationen (also keine
Vermögensangaben) finden sich im Mikrozensus, in der
Erhebung EU-SILC und in der Einkommensteuersta-
tistik:

## Mikrozensus

Der bundesdeutsche Mikrozensus ist als bevölkerungsrepräsentativ einzustufen. Sein Stichprobenumfang von
1 % der deutschen Bevölkerungszahl umfasst ca. 390.000
Haushalte mit 830.000 Menschen. Mit seinem Grund-
programm werden jährlich Daten erhoben über die Be-
völkerungsstruktur, die wirtschaftliche und soziale Lage
von Personen bzw. Familien, Lebensgemeinschaften und
Haushalten, die Schul-, Aus- und Weiterbildung, die Erwerbstätigkeit sowie die Pflege- und Rentenversicherung.
Neben dem jährlichen Fragenkatalog gibt es eine Reihe
von Merkmalen, die nur im Abstand von vier Jahren abgefragt werden (wie z.B. Fragen zur häuslichen Pflegesitua-
tion oder Fragen nach dem Behindertenstatus). Im vorliegenden Verteilungskontext ist am Mikrozensus nachteilig,
dass seine Einkommensinformationen nur in klassifizier-

ter Form als Nettoeinkommen erhoben werden und dass er keine Informationen über die Höhe einzelner Einkommens- und Abgabearten enthält (vgl. GESIS 2014).

## European Union Statistics on Income and Living Conditions (EU-SILC)

EU-SILC ist die EU-weite Nachfolgeerhebung des Europäischen Haushaltspanels. Die Erhebung wurde 2003 gestartet. In Deutschland werden jährlich etwa 14.000 Haushalte mit ca. 28.000 Personen zu folgenden Themen befragt: Einkommen, Soziale Deprivation bzw. Exklusion sowie Lebensbedingungen allgemein. Die einzelnen EU-SILC-Variablen sind sowohl monetärer als auch nichtmonetärer, zum Teil subjektiver Natur. In erster Linie dienen die EU-SILC-Erhebungen der Beobachtung von Armut und sozialer Ausgrenzung sowohl im Quer- als auch im (Panel-)Längsschnitt (vgl. Körner et al. 2005).

## Einkommensteuerstatistik

Die bundesdeutsche Einkommensteuerstatistik bzw. Stichproben aus ihr sind (ebenso wie die in Deutschland seit 1997 nicht mehr existente Vermögensteuerstatistik) insofern nicht bevölkerungsrepräsentativ, als steuerliche Einheiten ohne steuerpflichtiges Einkommen nicht berücksichtigt werden. Außerdem werden die Einkommen der Steuerpflichtigen nur unter steuerlichen Gesichtspunkten erfasst und sind insoweit aus wissenschaftlichem Blickwinkel heraus nur bedingt angemessen, da sie zum Teil von der tatsächlichen Wohlstandslage der Untersuchungseinheiten abweichen. Dies gilt etwa für die steuerliche Behandlung selbstgenutzten Wohnraums, der im Unterschied zum Einkommensteuerrecht in einer umfassenden Wohlstandsanalyse sinnvollerweise z.B. in Form eines fiktiven Mietwerts als Einkommenselement zu operationalisieren ist.

Auch sind etwa Minijob-Einkünfte, einkommensteuerlich nicht relevante Transfers, Einkommen aus Kapitalerträgen (wegen der seit 2009 eingeführten Abgeltungssteuer), Einkommen aus Auszahlungen privater Lebensversicherungen und Transfers von anderen privaten Haushalten in der Einkommensteuerstatistik nicht bzw. untererfasst.

Hinzu kommt, dass der Haushaltskontext in der Steuerstatistik nur unvollkommen abgebildet wird. So werden nicht in jedem Fall die Personen, die eine räumlich definierte Verbrauchsgemeinschaft bilden, als Haushalt (bzw. Steuereinheit) erfasst. Immerhin kann mit Hilfe der Einkommensteuerstatistik der obere Teil der Einkommensverteilung besser als typischerweise mit Umfragedaten berücksichtigt werden (vgl. z.B. Schwahn/Schwarz 2012, S. 833–835).

Im letztgenannten Sinne versucht das internationale Projekt der World Top Income Database (WTID) auf Basis von Steuerstatistiken vor allem die hohen Einkommen zu erfassen. Die aktuellsten, der Wissenschaft zugänglichen Einkommensteuerdaten für Deutschland sind jene aus dem Jahre 2007.

*Weitere Statistiken*

Darüber hinaus gibt es für einzelne Einkommensarten weitere Statistiken, z.B. für das Arbeitseinkommen die Beschäftigtenstichprobe des Instituts für Arbeitsmarkt- und Berufsforschung (IAB) oder für die Rentenzahlungen Datensätze der Deutschen Rentenversicherung. In diesen Datensätzen ist indes der Haushaltskontext in der Regel nicht berücksichtigt. Auch sind für Deutschland weitere prozessproduzierte Daten zu Sozialhilfe-, Arbeitslosengeld-II- bzw. Grundsicherungsbezug zu nennen, die Auskunft über das Ausmaß an Zahlungen im Zusammenhang mit der gesetzgeberisch fixierten Bedürftigkeit von Personen geben.

Des Weiteren wird in den laufenden Wirtschaftsrechnungen des Statistischen Bundesamtes in den Jahren zwischen zwei aufeinanderfolgenden Einkommens- und Verbrauchsstichproben Auskunft über die Einkommensverhältnisse privater Haushalte in Deutschland gegeben. Allerdings werden in den laufenden Wirtschaftsrechnungen lediglich etwa 2.000 Haushalte pro Quartal, d.h. ca. 8.000 Haushalte pro Jahr, befragt, und weder Selbstständige noch Landwirte sind in dieser Datenbasis enthalten (vgl. ebenda, S. 835).

Daher ist die vorgenannte Datenquelle als wenig repräsentativ für die Einkommensverhältnisse in Deutschland einzuordnen. Letzteres gilt auch für die (hier nicht behandelten) Datenquellen „Panel Arbeitsmarkt und soziale Sicherung" (PASS) vom Institut für Arbeitsmarkt- und Berufsforschung mit seiner Hervorhebung der Bezieher von Arbeitslosengeld II und für die vom Bundesministerium für Arbeit und Soziales bislang achtmal in Auftrag gegebene Studie „Alterssicherung in Deutschland" (ASID) mit ihrer Fokussierung auf die ältere Wohnbevölkerung Deutschlands (vgl. in diesem Kontext etwa IAB 2015 und TNS Infratest Sozialforschung 2015).

## *Statistische Erfassungsprobleme*

Grundsätzlich leiden viele (befragungsbasierte) Datenbasen auf dem Felde der Einkommens- und Vermögensverteilung darunter, dass sie durch einen sogenannten „Mittelstandsbias" gekennzeichnet sind. Das heißt: Die Ränder der Verteilung – die „Armen" und die „Reichen" – sind unterrepräsentiert. Hinzu kommt die Untererfassung vor allem der besonders ungleich verteilten Kapitaleinkünfte. Hieraus ergibt sich ein verteilungsbezogener Nivellierungseffekt. Beispielsweise werden in der EVS nur Ergebnisse für Haushalte mit einem monatlichen Nettoeinkommen in Höhe von maximal 18.000 Euro ausgewiesen. Das ist gleichbedeutend mit einem maximalen Haushaltsnettoeinkommen von 216.000 Euro im Jahr.

Bei der Interpretation der empirischen Ergebnisse ist dies unbedingt zu beachten. Es empfiehlt sich daher, ergänzende Informationen zu den (besonders) Armen und zu den (besonders) Reichen zu berücksichtigen. Anhaltspunkte geben in diesem Zusammenhang – beispielhaft für die Gruppe der (besonders) Reichen – vor allem Vermögensranglisten, wie sie z.B. vom Manager-Magazin oder von Forbes regelmäßig veröffentlicht werden (ungeachtet einiger, auch hier gegebener methodischer Mängel beispielsweise hinsichtlich der verwendeten statistischen Schätzverfahren zur Erfassung der Vermögenswerte von Haushalten bzw. Familien).

Weitere statistische Probleme in den Daten sind überwiegend die Nichtberücksichtigung der Anstaltsbevölkerung und der Personen ohne festen Wohnsitz sowie die Unterrepräsentation der Haushalte mit ausländischer Bezugsperson (vgl. hierzu – bezogen auf die EVS – Becker/Hauser 2003, S. 72–75).

# 3. Zur Frage der Verteilungsgerechtigkeit

Fragen nach der Angemessenheit der personellen Verteilung von Einkommen und Vermögen beziehen sich auf die Verteilungsgerechtigkeit (als Unterform sozialer Gerechtigkeit). Hierbei geht es um Beurteilungen, inwieweit eine gegebene personelle Ressourcenverteilung von zugrunde gelegten Gerechtigkeitsnormen abweicht bzw. mit diesen übereinstimmt.

Man kann die Verteilungsgerechtigkeit in die Startchancen-, die Leistungs-, die Bedarfs- und – (zumindest in der Querschnittsperspektive) aus den drei vorstehenden Gerechtigkeitskategorien abgeleitet – die Generationengerechtigkeit unterteilen. Die betreffenden Gerechtigkeitskategorien folgen dabei typischerweise einem Gleichheitsideal. Dies bedeutet, dass als gleich erachtete Sachverhalte auch als gleich ausgewiesen werden sollen. Ein Beispiel ist die Gewerkschaftsparole „Gleicher Lohn für gleiche Arbeit!" Ihr zufolge sollen gleiche Leistungen gleich hoch honoriert werden, was eine Ausprägung von Leistungsgerechtigkeit widerspiegelt.

## 3.1 Startchancengerechtigkeit

Vor dem Hintergrund, dass frühkindliche Erfahrungen bzw. Sozialisationsmuster für den weiteren Lebensweg maßgeblich sind, kann in einem umfassenden Sinne gefordert werden, dass die Startchancen der einzelnen Individuen einer Gesellschaft möglichst gleich sein sollen. Dies impliziert u.a., dass bereits in einer frühen Lebensphase Einflüsse aus dem Elternhaus – zumindest teilweise – durch eine gesamtgesellschaftliche, meritorisch motivierte Erziehung ersetzt werden. Hinzu kommen Überlegungen in Richtung einer höheren Erbschaftsteuer, um Startvorteile von Kindern aus vermögenderen Familien durch eine Vermögensnivellierung zu vermindern.

In der Praxis ergeben sich Unterschiede bezüglich der individuellen Chancen aus voneinander abweichenden genetischen Voraussetzungen, aber auch aus den unterschiedlichen Sozialisationsmöglichkeiten der Eltern für ihre Kinder in Form divergierender wirtschaftlicher Möglichkeiten und auch in Form einer unterschiedlichen Einbindung in das gesellschaftliche Gefüge (Stichwort: „Soziale Kontakte"). Darüber hinaus sind gesellschaftliche Strukturen wie die vorherrschende Rollenverteilung zwischen den Geschlechtern oder Diskriminierungen (nach dem Geschlecht, aber z.B. auch nach der Nationalität) für das Ausmaß der Ungleichheit der Chancen (in den späteren Lebensphasen nach der Geburt) in einer Gesellschaft relevant (vgl. hierzu Becker/Hauser 2009, S. 27–28).

Auf die familiären (entweder genetisch oder umfeldbedingten) Voraussetzungen eines Individuums kann der Staat realiter nur beschränkt korrigierend Einfluss nehmen. Vollständige Chancengleichheit ist daher im Grunde genommen nicht erreichbar. Wegen der auch gesellschaftlich wichtigen Funktionen des individuellen Vermögenserwerbs und -besitzes für die individuelle Vorsorge (anstelle einer ansonsten staatlichen Verpflichtung zur Existenzsicherung), aber auch in einem Anreizsinne für die wirtschaftliche und kulturelle Entwicklung eines Landes sind der Herstellung einer möglichst großen (auf die absoluten Ressourcenunterschiede abzielenden) Chancengleichheit durch staatliche Umverteilung (etwa durch eine fast vollständige Besteuerung von Vermögen bzw. Erbschaften) auch von dieser Seite her Grenzen gesetzt (vgl. ebenda, S. 28–31). An dieser Stelle tritt die Vorstellung der Gewährleistung von Chancengleichheit in Konkurrenz zur nachfolgend behandelten Leistungsgerechtigkeit.

Andererseits ist eine ausreichende Startchancengerechtigkeit auch eine Voraussetzung für die Verwirklichung von Leistungsgerechtigkeit. Gründen sich nämlich unterschiedliche gesellschaftliche Honorierungen nicht nur auf die erbrachten Leistungen, sondern sind sie auch auf unterschiedliche persönliche Voraussetzungen im Sinne verschiedener Startchancen zurückzuführen, ist das Leistungsideal „in Reinkultur" verletzt.

## 3.2 Leistungsgerechtigkeit

Bei der Leistungsgerechtigkeit wird unterstellt, dass der Wohlstand einer Nation und damit auch der eines einzelnen Gesellschaftsmitglieds letztlich auf der jeweiligen Produktivität gründen. Ein produktiverer Mensch dürfe daher einen höheren Wohlstand beanspruchen. In einer Marktwirtschaft soll über den Markt eine entsprechende Verteilung hergestellt werden. Bei der Leistungsgerechtigkeit wird demnach die für die Gesellschaft erbrachte Marktleistung zugrunde gelegt.

Es handelt sich im Unterschied zur Startchancengerechtigkeit nicht um eine absolute, sondern um eine relative Gleichbehandlung der Individuen, und zwar nach den von ihnen erbrachten Marktleistungen. Bei gleichen

(Markt-)Leistungen soll den betreffenden Individuen ein gleicher Anteil an dem in einer Gesellschaft erbrachten Output zustehen.

Leistungsgerechtigkeit impliziert, streng genommen, keine staatliche Umverteilung. Sie stellt im Einkommenskontext auf die Primäreinkommensverteilung – d.h. auf die Markteinkommen – ab. Hierbei kann indes mit einiger Berechtigung kritisch gefragt werden, ob sich in der faktischen Primäreinkommensverteilung Leistungsgerechtigkeit hinreichend widerspiegelt (vgl. etwa Miller 2008, S. 251). Es könnte nämlich darauf hingewiesen werden, dass die individuellen Leistungs*potenziale* wegen Ungleichheiten bei den Startchancen unterschiedlich „ausgereizt" werden können. Dies wurde bereits in Abschnitt 3.1 ausgeführt.

Hinzu kommen Schwierigkeiten der Messung von „Leistung", zumal dieser Begriff stark normativ-weltanschaulich geprägt ist. Es ist etwa auf in der Realität unterschiedliche Preisbildungsmechanismen auf Teilarbeitsmärkten hinzuweisen mit einem jeweils mehr oder weniger stark ausgeprägten Leistungsideal (Beispiel: Senioritätsentlohnung allein nach dem Merkmal Alter). In einer Marktwirtschaft sind dabei die erzielten (Faktor-)Marktpreise nicht zuletzt von der Verhandlungsmacht von Arbeitgebern versus Arbeitnehmern bei der Lohnbildung, aber auch von den Knappheitsverhältnissen auf den Gütermärkten – und damit zum Teil nur (sehr) bedingt von der individuellen Leistung – abhängig. Neben der Problematik, unterschiedliche Tätigkeiten (z.B. eher geistige versus eher körperliche Tätigkeiten) miteinander vergleichen zu können, werden wegen des Marktbezugs bei der Bestimmung von Leistungsgerechtigkeit nicht über den Markt vermittelte, gleichwohl gesellschaftlich notwendige Arbeiten (wie z.B. Hausarbeit) ausgeblendet (vgl. hierzu ausführlich Becker/Hauser 2009, S. 31–34).

## 3.3 Bedarfsgerechtigkeit

Während die Leistungsgerechtigkeit vor allem durch ihren Markt(einkommens)bezug geprägt ist und dementsprechend nichterwerbstätige Personen ausblendet, bezieht sich die Bedarfsgerechtigkeit auch auf diese Personen. Es wird danach gefragt, ob die wirtschaftlichen Ressourcen zur Deckung individueller Bedarfslagen gerecht verteilt sind. Entsprechend fokussiert die Bedarfsgerechtigkeit auf den individuellen Wohlstand nach staatlicher Umverteilung, d.h. im Einkommenskontext auf das Nettoeinkommenskonzept.

Die gesellschaftliche Zuweisung individueller Bedarfe kann hierbei vom Alter der Personen (aber auch z.B. vom Grad einer gegebenen Behinderung) abhängen. Für zivilisierte Staaten wird zumindest die staatliche Gewährleistung eines Existenzminimums als unabdingbar angesehen. Strittig ist hierbei die Definition eines solchen Existenzminimums, auch bezüglich dessen Höhe. Exemplarisch kann an dieser Stelle auf die Diskussionen um die Höhe der Grundsicherungssätze in Deutschland hingewiesen werden. In einem aktuellen Gutachten für die Hans-Böckler-Stiftung hat Becker (2015) – modellhaft mit Daten der Einkommens- und Verbrauchsstichprobe 2008 – berechnet, dass das offizielle Grundsicherungsniveau für Alleinstehende um ca. 44 Euro/Monat zu niedrig ausfällt.

## 3.4 Generationengerechtigkeit

In die Generationengerechtigkeit gehen Normen der Startchancen-, der Leistungs- und der Bedarfsgerechtigkeit ein. Insofern kann sie als eine aus diesen Gerechtigkeitsnormen abgeleitete Gerechtigkeitskonzeption angesehen werden.

Die Generationengerechtigkeit umfasst zum einen die gerechte Verteilung wirtschaftlicher Ressourcen zwischen in der Regel als Altersgruppen definierten Generationen in der gleichen Periode (Querschnittsperspektive). Zum anderen werden Gerechtigkeitsaspekte zwischen aufeinanderfolgenden Generationen im Zeitablauf thematisiert (Längsschnittperspektive). In der öffentlichen Diskussion steht die Längsschnittbetrachtung von Generationengerechtigkeit im Vordergrund.

Diese Längsschnittperspektive bedeutet eine möglichst große Gleichbehandlung von Generationen im Zeitablauf, wobei sich das Problem stellt, dass die Angehörigen dieser Generationen zum Teil nicht zur gleichen Zeit leben bzw. (im Falle künftiger Generationen) noch gar nicht geboren sind (insofern also eine fiktive Größe darstellen). Bezüglich der längsschnittlichen Generationengerechtigkeit wird gefordert, dass eine Generation (im Sinne einer Alterskohorte) über ihren Lebenszyklus hinweg sich bei den empfangenen und den geleisteten (monetären wie nicht-monetären) Transfers gegenüber den anderen Generationen (Alterskohorten) nicht schlechter stellt (vgl. hierzu Becker/Hauser 2009, S. 40–46).

Eine *völlige* Gleichbehandlung aufeinanderfolgender Generationen ist dabei aber nicht möglich. Der Grund liegt darin, dass Generationen zu verschiedenen Zeitpunkten mit ökonomischen, politischen, demografischen und gesetzgeberischen Änderungen konfrontiert sind. Beispielsweise waren in Deutschland die Alterskohorten in der unmittelbaren Nachkriegszeit anderen wirtschaftlichen und sozialen Rahmenbedingungen unterworfen als in den 1960er-/1970er-Jahren geborene Personen – mit entsprechend anderen Entwicklungsmöglichkeiten.

## 3.5 Gesamte Verteilungsgerechtigkeit

Die Startchancen-, die Leistungs-, die Bedarfs- und die (abgeleitete) Generationengerechtigkeit konstituieren die übergeordnete Kategorie der Verteilungsgerechtigkeit. Es ist zumindest nicht ausgeschlossen, dass der Zusammenhang zwischen Ressourcenungleichheit und Verteilungsgerechtigkeit nichtlinear verläuft. Das heißt: Eventuell wird ein bestimmtes Ausmaß an Ungleichheit gesellschaftlich toleriert bzw. akzeptiert, weil eine völlige Ressourcengleichverteilung bei unterschiedlichen Leistungen für die Gesellschaft als leistungshemmend mit entsprechenden Rückwirkungen auf den gesamtgesellschaftlichen Wohlstand angesehen wird. Man könnte sagen, dass bis zu einem gewissen Punkt bei der Beurteilung von Verteilungsungleichheit die Leistungs- die Bedarfsgerechtigkeit dominiert.

Gleichwohl darf erwartet werden, dass ab diesem Punkt der Ressourcenungleichverteilung gesellschaftliche Umverteilungen für notwendig erachtet werden, dass sozusagen die Bedarfsgerechtigkeit das Primat über die Leistungsgerechtigkeit gewinnt. In diese Richtung argumentieren Wilkinson/Pickett (2009): Ihnen zufolge ruft die Ungleichheit der Einkommensverteilung (gravierende) soziale Problemlagen hervor. Gleichwohl setzen

Wilkinson/Pickett diesen „Switching point" sehr früh an: Schon ein geringes Ausmaß an Einkommensungleichheit verletzt ihnen zufolge die Norm der Verteilungsgerechtigkeit.

Auf Basis der vorstehenden Anmerkungen könnte dafür plädiert werden, in Ungleichheitsanalysen nicht die vollständige Gleichverteilung der Ressourcen – wie dies üblich ist – als anzustrebenden Zustand zugrunde zu legen, sondern jenen Ungleichheitswert, der mit der maximalen gesellschaftlichen Akzeptanz (also sozusagen mit der höchsten Verteilungsgerechtigkeit) verbunden ist. Da dieser Punkt in der Praxis aber nur schwer zu bestimmen ist, erscheint diese alternative Vorgehensweise zu abstrakt für Operationalisierungen in Wohlstandsuntersuchungen. Bisherigen Ungleichheitsanalysen liegt daher jeweils die vollständige Ressourcengleichverteilung als Referenz zugrunde.

Auf der Datengrundlage des European Social Survey für die Jahre 2002–2008 (mit insgesamt knapp 180.000 Personen aus 29 Ländern) zeigte sich grundsätzlich eine negative Korrelation zwischen gemessener Einkommensungleichheit und individuellem, subjektivem Wohlergehen. Folgerichtig wirkte sich eine Ungleichheitsreduktion positiv auf das individuelle Wohlergehen aus. Letzteres galt insbesondere für die ärmeren Bevölkerungsschichten und für politisch eher „links" eingestellte Personen (vgl. Hajdu/Hajdu 2014).

Ähnlich fanden Schwarze/Härpfer (2007) für Deutschland – auf Basis des SOEP 1985–1998 – Belege für einen nicht zu vernachlässigenden Grad an Ungleichheitsaversion in Deutschland. Allerdings wird dieser Befund dadurch abgeschwächt (bzw. konterkartiert), dass in der betreffenden Studie der Zusammenhang zwischen Umverteilung und individuellem, subjektivem Wohlergehen für Deutschland statistisch nicht signifikant war.

Auch dies spricht für eine zwar vorhandene, gleichwohl nicht durchgängig negative Korrelation zwischen Verteilungsungleichheit und (wahrgenommener) Verteilungsgerechtigkeit. Bedarfsaspekte scheinen zwar bei der Beurteilung von Wohlstandsungleichheit durchaus eine gewichtige Rolle zu spielen. Es gehen in die entsprechenden Beurteilungen indes auch Leistungsgesichtspunkte ein.

Grundsätzlich ist es eine normative Entscheidung, welche Gerechtigkeitskonzeption jeweils als Beurteilungsmaßstab für eine gegebene Wohlstandsverteilung verwendet wird. Stark marktwirtschaftlich ausgerichtete Personen werden vermutlich eher das Ideal der Leistungsgerechtigkeit hochhalten, während für marktkritische Personen tendenziell eher die Bedarfsgerechtigkeit der entsprechende Maßstab sein dürfte.

# 4. Zur Entwicklung
## der Einkommensverteilung

Zwar steht nachfolgend die zeitliche Entwicklung der personellen Einkommen im Vordergrund; gleichwohl lohnt der zusätzliche Blick auf die makroökonomisch ausgerichtete funktionale Einkommensverteilung. Diesbezüglich werden die Entwicklungslinien in Deutschland über die vergangenen Dekaden hinweg nachgezeichnet, was die Wertschöpfungsanteile der Produktionsfaktoren Arbeit und Kapital anbelangt. Auf diese Weise werden erste Anhaltspunkte über die Markteinkommensverteilung auf Arbeits- versus Kapitaleinkommen gewonnen. Hierbei ist zu berücksichtigen, dass die Arbeitseinkommen eher für den unteren bzw. mittleren und die Kapitaleinkommen eher für den oberen Verteilungsbereich der Markteinkommen typisch sind.

Auf diesen Erörterungen aufbauend, werden dann die personelle Markteinkommensverteilung (Primärverteilung) und die personelle Verteilung der Einkommen nach Steuern und Transfers (Sekundärverteilung) erörtert. Dies geschieht zum einen durch die Umrechnung der entsprechenden Einkommensgrößen in äquivalente Einkommenswerte (durch die Verwendung einer bestimmten Äquivalenzskala). Zum anderen werden zur Ungleichheitsmessung verschiedene Ungleichheitsindikatoren genutzt, wie z.B. der sogenannte Gini-Koeffizient, der bei einem Wert von Null eine Ressourcengleichverteilung und bei einem Wert von (nahezu) Eins eine vollständige Ressourcenungleichverteilung (in dem Sinne, dass eine Untersuchungseinheit über sämtliche Ressourcen verfügt) anzeigt.

## 4.1 Zur funktionalen Einkommensverteilung und ihrem Verhältnis zur personellen Einkommensverteilung

Einen ersten Eindruck über das bundesdeutsche Verteilungsgeschehen vermittelt die Analyse der Lohnquote als Indikator für die Zuteilung des Produktionsergebnisses in einer bestimmten Periode zum Produktionsfaktor Arbeit. Sie ist – wie bereits in Kapitel 2 dargelegt – als Anteil der Summe der Marktarbeitseinkommen an einem gesamtwirtschaftlichen Einkommensniveau – entweder am Bruttoinlandsprodukt oder, was verbreiteter ist, am Volkseinkommen – definiert. Sie addiert sich zusammen mit der Gewinnquote stets zu 100 %. Um Mengeneffekte, wie einen Anstieg der Selbstständigenquote, aus dem Indikator Lohnquote herauszurechnen, hält man fiktiv eine bestimmte Erwerbstätigenstruktur im Sinne der Arbeitnehmerquote eines Basisjahres bei der Berechnung der Lohnquote konstant. Die entsprechende Quote nennt man bereinigte Lohnquote. Alle nachfolgend angegebenen Quoten sind im Übrigen aus Vergleichsgründen auf das Volkseinkommen bezogen.

Die Selbstständigenquote ist im vorliegenden Kontext definiert als Anteil aller Selbstständigen an allen Erwerbstätigen (also an den Selbstständigen und abhängig Erwerbstätigen zusammengenommen). Entsprechend bildet die Arbeitnehmerquote (als Anteil aller abhängig Erwerbstätigen an allen Erwerbstätigen) das Gegenstück zur Selbstständigenquote.

## Lohnquotenentwicklung

Bezüglich der Entwicklung der Lohnquote in Westdeutschland von 1961 bis 1991 bzw. in Gesamtdeutschland seit 1992 ergibt sich, dass die unbereinigte Lohnquote seit Anfang der 1960er-Jahre von einem Ausgangsniveau in Höhe von etwas oberhalb der 60-Prozent-Marke bis heute um mehr als fünf Prozentpunkte gestiegen ist. In erster Linie ist dies durch eine Erhöhung des Anteils der abhängig Beschäftigten an allen Erwerbstätigen (also der Arbeitnehmerquote) bedingt gewesen. Die Arbeitnehmerquote hat sich seit 1961 (78,0 %) um gut zehn Prozentpunkte erhöht.

Als Konsequenz hieraus weist die bereinigte Lohnquote für alle betrachteten Jahre – selbstverständlich mit Ausnahme des als Basisjahr genutzten Ausgangsjahrs 1961 – geringere Werte als die unbereinigte Lohnquote auf (vgl. hierzu Faik 2010, S. 469–470). Diese Rangordnung zwischen unbereinigter und bereinigter Lohnquote bezieht sich ausschließlich auf die Verhältnisse des Jahres 1961 als Referenzgröße. Nutzte man alternativ etwa, wie weiter unten in diesem Abschnitt, 1970 als Referenzjahr, ergäbe sich eine andere Reihung zwischen beiden Quotentypen.

Wichtiger als dieses Problem der Basisperiode erscheint indes an dieser Stelle die empirische Beobachtung, dass sowohl die unbereinigte als auch die bereinigte Lohnquote von den 1960er- bis zu den 1980er-Jahren in Westdeutschland – bei leichten Schwankungen – stiegen, ehe sie bis zur deutschen Einigung 1989/1990 fielen, um anschließend kurzzeitig wieder zu wachsen. Ab 1992/1993 zeigt sich für Gesamtdeutschland indes eine Tendenz zum Rückgang der unbereinigten wie der bereinigten Lohnquote (vgl. hierzu auch Becker/Hauser 2003, S. 31–33).

So ist seit der Jahrtausendwende festgestellt worden, dass die Lohnquote relativ deutlich rückläufig war – mit einer kurzen Unterbrechung durch die jüngste Wirtschafts-/Finanzkrise. Beispielsweise lag die bundesdeutsche unbereinigte Lohnquote 2001 bei etwas mehr als 70 %, um bis 2007 auf unter 65 % zu fallen. 2009 stieg sie zwar (in der Krise) auf fast 70 %, betrug aber 2010 schon wieder nur noch ca. 66 % (vgl. Brenke 2011, S. 5–7).

Gleiches gilt für die bereinigte Lohnquote: Sie fiel (hier mit dem Basisjahr 1970) deutlich seit der Jahrtausendwende bis 2007, um danach bis heute leicht zu steigen. Gegenüber der Zeit vor der Jahrtausendwende liegt sie aktuell auf einem vergleichsweise niedrigen Niveau: So betrug sie 2000 – erneut mit dem Basisjahr 1970 – 72,9 % und 2012 nur 68,4 % (vgl. Unger et al. 2013, S. 5–9 und S. 12).

## Gründe für die Lohnquotenentwicklung

Die skizzierten Lohnquotenveränderungen stehen in relativ enger Beziehung zur konjunkturellen Entwicklung in Deutschland. So zeigte sich beispielsweise 1967/1968 in der Phase der ersten bedeutenden bundesdeutschen Nachkriegsrezession, welche mit einem merklichen Anstieg der Arbeitslosenquote verbunden war, eine leichte Bewegung nach unten im Lohnquotenverlauf. Auch die Ölkrisen von 1973/1974 und 1981/1982 bewirkten ähnliche

Lohnquotensenkungen. Demgegenüber führte der „Vereinigungs-Boom" im Zuge der deutschen Vereinigung 1989/1990 zu der oben beschriebenen Aufwärtsbewegung im Lohnquotenverlauf. Die Wirtschafts-/Finanzkrise 2007–2010 schließlich war insofern eine Ausnahme von dem geschilderten Muster, als aus der stärkeren Verminderung der Kapitaleinkommen auf dem Höhepunkt der Krise in Deutschland ein Rückgang der Gewinn- und spiegelbildlich ein Anstieg der Lohnquote hervorgingen.

Die Lohnquote ist bekanntlich als Anteil der Lohnsumme an einem gesamtwirtschaftlichen Einkommensniveau (wie dem Volkseinkommen) definiert. Dabei kann die Lohnsumme grundsätzlich in zwei Faktoren zerlegt werden: zum einen in das Arbeitsvolumen (als Produkt aus Arbeitskräften und geleisteten Arbeitsstunden) und zum anderen in das durchschnittliche Lohneinkommen. Hinsichtlich der letztgenannten Komponente ist für die erste Dekade des 21. Jahrhunderts zu konstatieren, dass die Bruttostundenlöhne in Deutschland stagnierten. Dies galt, obwohl eine Verschiebung der Tätigkeitsstruktur hin zu von der Qualifikation her anspruchsvolleren Tätigkeiten zu beobachten war. Interessanterweise scheint die genannte Entwicklung – zumindest im zweiten Teil der ersten Dekade im 21. Jahrhundert – *nicht* maßgeblich durch die Ausweitung des Niedriglohnbereiches bedingt zu sein, da Letzterer seit 2006 nicht mehr nennenswert gewachsen ist. Dies heißt, dass seit etwa 2005 zudem im Durchschnitt die Bezieher mittlerer bzw. höherer Entgelte (sofern statistisch erfasst) keine merklichen Gehaltssteigerungen erhielten (vgl. Brenke/ Grabka 2011, S. 4–7).

Der – im Übrigen international festgestellte – langfristige Trend zu sinkenden Lohnquoten in den entwickelten

Ländern seit den 1970er-Jahren hat weitere Ursachen. Laut einer international vergleichenden, breit angelegten Studie von Stockhammer (2013) für den Zeitraum zwischen 1970 und 2007 spielen die Finanzmärkte die dominierende Rolle für das wirtschaftliche Geschehen (sogenannte „Finanzialisierung") und sind daher als Hauptgrund für den Lohnquotenrückgang anzusehen. Neben diesem Hauptgrund schälten sich – in absteigender Reihenfolge – „Wohlfahrtsstaatliche Einsparungen", die „Globalisierung" sowie der „technologische Wandel" als Bestimmungsfaktoren für den Lohnquotenrückgang heraus.

Speziell auf die Situation in Deutschland bezogen, halten Unger et al. (2013, S. 12–14) seit dem Millennium eine negative Lohndrift in Form des Auseinanderklaffens von Effektiv- und Tarifarbeitseinkommen fest. Gründe hierfür sind nicht zuletzt die festzustellende Verminderung der Tarifbindung im Zusammenhang mit der Deregulierung des Arbeitsmarktes sowie die verminderte Verhandlungsmacht der Gewerkschaften als Folge ihres Mitgliederrückgangs.

## Aussagegrenzen der Lohnquote

Die Lohnquote kann allerdings nur eingeschränkt als Maßstab dafür genutzt werden, wie viel des Volkseinkommens auf Unternehmer und Arbeitnehmer entfällt. Der Grund hierfür liegt in dem bereits in Kapitel 2 erwähnten Phänomen der Querverteilung: Arbeitnehmer beziehen auch Gewinneinkommen (etwa über Aktienbesitz) und Unternehmer auch Arbeitseinkommen.

Zudem sind sowohl die Unselbstständigen- als auch die Selbstständigeneinkommen relativ heterogen zusammengesetzt (worauf ebenfalls in Kapitel 2 hingewiesen worden ist). Die Arbeitnehmerentgelte beinhalten neben den Vergütungen von Auszubildenden auch etwa die Bezüge der Vorstandsvorsitzenden von Großunternehmen, und bei den Unternehmens- und Vermögenseinkommen werden neben geringen Zinsgutschriften auf die Sparkonten von Geringverdienern auch hohe Dividenden von Großaktionären berücksichtigt (vgl. Adam 2000, S. 130).

Ferner ist fraglich, ob bestimmte, den Arbeitseinkommen zugeordnete Faktorentgelte wie Bonuszahlungen für Manager nicht sinnvollerweise eher den Kapitaleinkünften zugeschlagen werden sollten. Der Grund liegt darin, dass diese Einkünfte an Entwicklungen am Kapitalmarkt (und nicht direkt am Arbeitsmarkt) gekoppelt sind (vgl. hierzu z.B. Unger et al. 2013, S. 6).

Aus alledem folgt, dass die funktionale Einkommensverteilung zur Beurteilung des Wohlstandes gesellschaftlicher Gruppen nur sehr eingeschränkt geeignet ist. An dieser Stelle bietet sich demgegenüber die Bezugnahme auf die personelle Einkommensverteilung an, die auch im Folgenden im Vordergrund steht.

Piketty (2014) etwa hat dennoch die mikroökonomischen Befunde anhand der World Top Income Database (d.h. steuerlich relevante Einkommenswerte) mit makroökonomischen Verteilungsergebnissen der Volkswirtschaftlichen Gesamtrechnungen (und der Gesamtwirtschaftlichen Finanzierungsrechnung, in der Vermögensbewegungen in einer Gesellschaft erfasst werden) gekoppelt. Dies geschah nicht zuletzt vor dem Hintergrund des Zusammenhangs zwischen steigender personeller Wohlstandsungleichheit und makroökonomischer

Instabilität. Es kann beispielsweise argumentiert werden, dass eine hohe Wohlstandsungleichheit mit hoher Arbeitslosigkeit, aber auch mit einem als zu niedrig angesehenen Niveau des Privatverbrauchs verbunden sein kann. So können die höheren (durchschnittlichen bzw. Grenz-) Konsumquoten einer steigenden Anzahl ärmerer Personen zu Rückgängen im gesamtwirtschaftlichen Konsum führen (vgl. in diesem Zusammenhang auch van Treeck 2014). Derartige Aspekte sind bei den nachfolgend behandelten personellen Verteilungsbefunden mitzubedenken.

## 4.2 Primäreinkommensverteilung

Wie bereits in Kapitel 2 ausgeführt, behandelt die Primäreinkommensverteilung die Verteilung der Markteinkommen, d.h. der Einkommen, wie sie sich allein aus dem Marktgeschehen heraus ergeben. Damit sind auf dieser Verteilungsebene staatliche (und private) Umverteilungen via Steuern, Sozialabgaben und Transfers nicht berücksichtigt.

### Entwicklung der Ungleichheit der Markteinkommen

Im Zeitverlauf zeigten für die Markteinkommen diverse Ungleichheitsmaße für Westdeutschland in den 1970er-Jahren einen markanten Ungleichheitsanstieg, dem bis Ende der 1980er-Jahre (tendenziell) weitere, aber nur noch schwach ausgeprägte Ungleichheitserhöhungen folgten. Die genannte Tendenz wurde dann bis anfangs der 1990er-Jahre kurz unterbrochen, um sich anschließend aber wieder fortzusetzen (vgl. Becker/Hauser 2003, S. 83–96). Diese Ungleichheitsanstiege werden für Gesamtdeutschland von der Tendenz her bis heute evident (vgl. hierzu z.B. Bach/Steiner 2007). Allerdings ist die Ungleichverteilung der Markteinkommen in Deutschland seit 2005 – den vorliegenden empirischen Befunden zufolge (welche allerdings die Gruppe der sehr Reichen nicht beinhalten) – zumindest nicht substanziell gestiegen. Es muss angesichts der Kürze des Beobachtungszeitraums seit 2005 offen bleiben, ob es sich bei diesem Befund sozusagen um eine Trendbeendigung oder lediglich um eine Momentaufnahme handelt (vgl. Unger et al. 2013, S. 25 und S. 29).

## Verteilungsstrukturen

Tendenzielle Ungleichheitsanstiege offenbaren sich in den vergangenen Dekaden in Deutschland zwar auch bei der Einkommensart der Bruttoarbeitseinkommen, noch größere zeigten sich indes bei den Kapitaleinkommen. Während nämlich (auf SOEP-Basis) bei den Arbeitseinkommen die – mittels des Ungleichheitsindikators des normierten Variationskoeffizienten gemessene – Ungleichverteilung von Mitte der 1990er-Jahre bis zum Beginn der Wirtschafts- und Finanzkrise 2007 um das 1,3-fache stieg, erhöhte sich die Ungleichverteilung der Kapitaleinkommen – von einem wesentlich (etwa um den Faktor 16,7) höheren Ausgangsniveau der Ungleichheit aus – um das 1,6-fache. Die (moderate, üblicherweise gegenüber den Arbeitseinkommen etwas höhere) Ungleichverteilung der Transfereinkommen hingegen blieb nahezu unverändert (vgl. Faik 2014, S. 304–311).

Fügt man den SOEP-Daten noch Informationen aus
der Einkommensteuerstatistik hinzu, um auch Aussagen
über die höheren Einkommen zu erhalten, zeigt sich verstärkt, dass die erhöhte Ungleichheit bei den Kapitaleinkommen in erster Linie eine Folge (inflationsbereinigter)
Zuwächse bei den Kapitaleinkommen der (sehr) Reichen
in Deutschland zu sein scheint (vgl. Bach/Steiner 2007,
S. 197).

Die skizzierten Verteilungsstrukturen/-entwicklungen
wurden allerdings während der jüngsten Wirtschafts-/Fi-
nanzkrise nicht festgestellt. So erhöhte sich (auf der Basis des bereits erwähnten Indikators Normierter Variationskoeffizient) die Ungleichverteilung der Arbeitseinkommen von 2007 auf 2008 um das 1,6-fache, während die
Ungleichheit der Kapitaleinkommen von 2007 auf 2008
um gut 30 % und von 2008 auf 2009 nochmals um 17 %
zurückging (vgl. hierzu Faik 2014, S. 310–311). Die starke
Verbreitung von Kurzarbeit – einhergehend mit dem
leichten Anstieg der Arbeitslosigkeit – dürfte in Deutschland auf dem Höhepunkt der Krise für den Ungleichheitsanstieg bei den Arbeitseinkommen primär verantwortlich
sein. Demgegenüber dürfte ein wichtiger Faktor für den
Rückgang der Ungleichverteilung der Kapitaleinkommen
in den buchungstechnischen Vermögensverlusten auf dem
Krisenhöhepunkt liegen. Hierbei ist allerdings erneut zu
beachten, dass erst nach der Krise ausgeschüttete und
während der Krise in den Unternehmen einbehaltene Finanzmittel in der zugrunde liegenden Statistik nicht als
Kapitaleinkommen definiert sind.

Des Weiteren legen die Befunde für Deutschland (vgl.
etwa ebenda, S. 304–311, für den Beobachtungszeitraum
1995–2009) nahe, dass die personelle Ungleichheit *innerhalb* der Markteinkommensarten die personelle Un-

gleichheit *zwischen* den einzelnen Einkommensarten jeweils deutlich dominiert. Zwischen den Arbeits- und den Kapitaleinkommen ergeben sich negative und somit die Gesamtungleichheit reduzierende Korrelationen im Sinne einer Tendenz zu hohen Arbeitseinkommen bei geringen Kapitaleinkommen und umgekehrt. Dieser (gewisse) Nivellierungseffekt ist in Deutschland aber empirisch durch die gestiegene Ungleichverteilung innerhalb der einzelnen Einkommensarten überkompensiert worden (vgl. ebenda, S. 197–198 und S. 203–206).

## Längsschnittliche Entwicklung

Der Ungleichheitsanstieg bei den Arbeitseinkommen wird im Übrigen nicht nur in Quer-, sondern auch in Längsschnittperspektive evident. Auf der Datenbasis der sogenannten Versicherungskontenstichprobe der Deutschen Rentenversicherung haben Bönke/Lüthen (2014) sowie auch Corneo (2014) für westdeutsche Männer-Kohorten der Jahrgänge 1935 bis 1972 gezeigt, dass sich die – via Gini-Koeffizient gemessene – Ungleichheit der Lebensarbeitseinkommen stark erhöht hat.

Dies wird in diesen Studien auf große Änderungen am bundesdeutschen Arbeitsmarkt zurückgeführt, konkret

– auf den technologischen Fortschritt, der eine wachsende Ungleichheit im oberen Abschnitt der Arbeitseinkommensverteilung hervorgerufen hat,
– auf die abnehmende Bedeutung der Gewerkschaften, was tendenziell die Ungleichheit im unteren Abschnitt der Arbeitseinkommensverteilung erhöht hat, sowie

– auf Immigrationswellen zu Beginn der 1990er-Jahre,
ebenfalls mit dem Effekt einer Ungleichheitssteigerung
am unteren Verteilungsrand der Arbeitseinkommen
(vgl. ebenda, S. 11).

Die vorstehenden Aspekte gehen laut den längsschnittlichen Befunden von Bönke/Lüthen (2014, S. 1275) einher
mit einem in den jüngeren Kohorten erhöhten Arbeitslo-
sigkeitsrisiko für Personen im unteren Verteilungsbereich
der Arbeitseinkommen.

### 4.3 Sekundäreinkommensverteilung

Betrachtet man die zeitliche Entwicklung der äquivalenten Haushaltsnettoeinkommen, bewegt man sich auf der
Ebene der Sekundäreinkommensverteilung. Im Unterschied zur Primäreinkommensebene sind hier staatliche
Umverteilungen über die Erhebung von Steuern und Sozialabgaben sowie über die Gewährung von Transferzahlungen in der Einkommensgröße berücksichtigt.

*Entwicklung der Ungleichheit der
Nettoeinkommen*

Analog zu den Markteinkommen wird auch für die Ungleichheit der äquivalenten Haushaltsnettoeinkommen
in Deutschland – in Übereinstimmung mit internationalen (OECD-)Befunden (vgl. hierzu Grabka/Goebel
2013, S. 19) – seit Mitte der 1990er-Jahre ein steigender
Trend sichtbar. Dieser wurde zwischen 2005 und 2010
zeitweise unterbrochen: Bei gestiegenen realen Nettoein-

kommen war die Verteilungsungleichheit bei den Nettoeinkommen in diesem Zeitraum sowohl in Ost- als auch
in Westdeutschland rückläufig (vgl. Grabka/Goebel/
Schupp 2012). Dieser rückläufige Trend setzte sich aber
in der Folge (2011) nicht fort. Als ein wesentlicher Grund
kann die oben bereits erwähnte, wieder gestiegene Ungleichheit bei den Kapitaleinkommen genannt werden
(vgl. Grabka/Goebel 2013). Da allerdings nach wie vor das
Arbeitseinkommen für die meisten Haushalte die Haupt-
einnahmequelle darstellt, wird die Struktur der gesamten
Nettoeinkommensungleichheit immer noch am stärksten
durch die Ungleichheit bei den Arbeitseinkommen – vor
den Transfer- und den Kapitaleinkommen – geprägt (vgl.
hierzu Faik/Fachinger 2014, S. 109–110). Gemäß OECD
(2008, 2011) nahm in Deutschland seit den 1980er-Jahren
die (Brutto- wie Netto-)Einkommensungleichheit stärker
als in den meisten anderen OECD-Staaten zu.

Für die insgesamt auf OECD-Ebene beobachteten Ungleichheitsanstiege werden drei große Entwicklungslinien
genannt (vgl. OECD 2011, S. 8):

–  die Globalisierung,
–  Veränderungen in der Haushaltszusammensetzung
   und
–  Änderungen in den Steuer-Transfer-Systemen.

Dabei ist eine zunehmende Bildungshomogamie – als ein
Element von Veränderungen in der Haushaltszusammensetzung – durchaus ein wichtiger Ungleichheitstreiber: In
der OECD sind heutzutage 40 % der Partner in Paarbe-
ziehungen in benachbarten Arbeitseinkommensdezilen
verortet, während dies vor rund 20 Jahren nur 33 % waren (vgl. ebenda, S. 11).

Zudem ergaben sich bei den Nettoeinkommen seit der Jahrtausendwende sukzessive Bedeutungsgewinne für die (Kapital-)Einkünfte aus Unternehmertätigkeit und Vermögen bzw. Anteilserhöhungen an der Nettoeinkommenssumme für die Haushalte mit hohen Einkommen. Dies geschah bei – bis zur Wirtschafts-/Finanzkrise 2007–2010 – rückläufigen Sozialleistungen (vgl. Brenke 2011, S. 5–10).

Wegen der höheren Sparquote der Hocheinkommensbezieher wirkte sich diese Entwicklung dämpfend auf den Konsum der privaten Haushalte in Deutschland aus. In der Krise selbst zeitigten rückläufige Entwicklungen bezüglich der (Kapital-)Einkünfte aus Unternehmenstätigkeit und Vermögen zwar mäßigende Effekte auf die skizzierte Einkommensumverteilung „von unten nach oben". Gleichwohl stiegen nach dem Überwinden der Rezession diese Einkunftsarten wieder besonders stark, wie oben bereits erwähnt (vgl. hierzu ebenda, S. 11–12).

## Gründe für die Entwicklung der Sekundärverteilung

Resümierend gibt es mehrere (teilweise bereits genannte) Gründe für den festgehaltenen Ungleichheitstrend der äquivalenten Haushaltsnettoeinkommen (vgl. in diesem Kontext auch BMAS 2013, S. 331–334):

– Zunächst ist die angesprochene, im Vergleich zu den Arbeitseinkommen (zum Teil staatlich induzierte) gestiegene Bedeutung der Kapitaleinkommen insbesondere seit der Jahrtausendwende zu nennen, welche typischerweise ungleichmäßiger als die Arbeitseinkommen, aber auch als die Transfereinkommen verteilt sind (vgl. hierzu etwa Grömling 2006, S. 38; vgl. auch Grabka/Goebel 2013, S. 18). Laut Faik/Fachinger (2014, S. 104) ist – in der EVS. 2008 – die mit dem normierten Variationskoeffizienten gemessene bundesdeutsche Ungleichheit der Kapitaleinkommen ca. 2,3-mal so hoch wie die der Arbeitseinkommen und etwa 1,6-mal so hoch wie die der Transfereinkommen. Diese Befunde stehen zwar nicht unbedingt quantitativ, aber doch immerhin qualitativ im Einklang mit den Ungleichheitsstrukturen gemäß den in Abschnitt 4.2 referierten SOEP-Ergebnissen.

– Des Weiteren sind die Auswirkungen des sozialpolitischen Paradigmenwechsels anzuführen, wie er in der „Agenda 2010" dokumentiert wurde. Dies meint die zunehmende Bedeutung von Nichtnormarbeitsverhältnissen mit der Folge einer wachsenden Spreizung der Arbeitseinkommen (vgl. etwa Eichhorst/Marx 2009), wie sie sich auch in der oben ausgeführten Zunahme der Arbeitseinkommensungleichheit in der jüngeren Vergangenheit zeigte. Allerdings sollten – worauf oben bei der Lohnquotendiskussion hingewiesen worden war – die isolierten Ungleichheitseffekte des Aufbaus bzw. der Ausweitung des Niedriglohnbereiches nicht überschätzt werden.

– Ein weiterer Grund ist in der Verringerung der umverteilenden Effekte durch das Steuer-Transfer-System zu sehen (vgl. hierzu Unger et al. 2013, S. 37–40). Das Ausmaß der Umverteilung in Deutschland ist indes weiterhin größer als im OECD-Durchschnitt. So liegt der Gini-Koeffizient bei den Markteinkommen – mit ca. 0,42 – in Deutschland leicht oberhalb des OECD-Wertes, bei den Nettoeinkommen – mit ca. 0,30 – indes unter dem OECD-Wert. Das heißt, dass der Rückgang des Gini-Koeffizienten von der Markt- zur Netto-einkommensebene um ca. 29 % stärker ist als auf der OECD-Ebene (dort um etwa 25 %; vgl. hierzu OECD 2011, S. 11).

– Haushaltsstrukturelle Veränderungen, etwa in Form wachsender Bildungs- und Einkommenshomogamie bei der Haushaltsformation, sind zwar ebenfalls nicht zu vernachlässigen (wie oben erwähnt; vgl. hierzu auch ebenda, S. 29–33, Jenkins 1995, Hradil 2005, S. 444, Martin 2006, OECD 2008, Schröder 2011 oder Peichl/Pestel/Schneider 2012). Allerdings sind sie gegenüber den vorgenannten Gründen eher nachrangig.

Ein weiteres Beispiel für tendenziell ungleichheitser-höhende Zusammenhänge auf der Ebene der Sekundär-einkommensverteilung stellt die Beziehung zwischen Arbeitslosigkeit und Einkommensungleichheit dar: So war die Entwicklung der Arbeitslosigkeit seit Mitte der 1990er-Jahre positiv mit den jeweiligen Ungleichheitswer-ten korreliert. Hohe (niedrige) Arbeitslosigkeitswerte wa-ren demnach tendenziell mit steigender (sinkender) Ein-kommensungleichheit gekoppelt. Dies kann, vorsichtig interpretiert, als eine weitere mögliche Ursache für den in Deutschland festgestellten Trend zu einem Ungleich-heitsanstieg seit den 1990er-Jahren angesehen werden (vgl. hierzu Faik 2014, S. 206–208). In der jüngsten Vergangen-heit scheinen allerdings die Rückgänge in den Arbeitslo-senzahlen hinsichtlich der Ungleichheitsentwicklung bei den Nettoeinkommen von den anderen oben genannten Ungleichheitstreibern überlagert worden zu sein.

Kapitel 7 geht noch ausführlicher auf derartige mög-liche Gründe ein. Konkret werden dort die Einflussfakto-

ren Demografischer Wandel, Wirtschaftskrisen, Faktormärkte sowie Umverteilung besprochen.

## 4.4 Einkommensmobilität

Die bisherigen Ungleichheitsbetrachtungen bezogen sich
ganz überwiegend auf die Querschnittsungleichheit bzw.
auf den zeitlichen Vergleich von zeitpunktbezogenen Ungleichheitswerten. Für die Beurteilung der „Durchlässigkeit" einer Gesellschaft ist indes darüber hinaus auch die
längsschnittliche Ungleichheitsebene im Panelsinne zu
betrachten.

Konkret interessieren im Rahmen von Panelanaly-
sen Zustandsveränderungen über die Zeit hinweg, d.h.
Auf- und Abstiege identischer Personen (bzw. von fami-
liär miteinander verbundenen Personen, z.B. in Form von
Vater-Sohn-Beziehungen), und zwar in der Einkommenshierarchie von einem Zeitpunkt bis hin zu einem späteren
Zeitpunkt. Mit anderen Worten: Es geht um die Einkommensmobilität. Diejenigen, die über die Zeit hinweg in ihrer ursprünglichen Einkommensklasse verbleiben, werden
„Stayer" genannt. Demgegenüber bezeichnet man mit dem
Begriff „Mover" diejenigen, die ihre ursprüngliche Einkommensklasse verlassen. Je höher der Anteil der Mover
ist, desto höher ist die gemessene Einkommensmobilität.

Grundsätzlich sind im Übrigen auch Betrachtungen
zur Vermögensmobilität von Interesse. Aufgrund da-
tenbezogener Restriktionen liegen hierzu allerdings für
Deutschland keine aussagekräftigen Ergebnisse vor, sodass sich die Mobilitätsbetrachtungen in diesem Abschnitt auf die Wohlstandsvariable Einkommen beschrän-
ken müssen.

*Beurteilung von Einkommensmobilität*

Eine hohe Einkommensmobilität kann sowohl positiv als auch negativ beurteilt werden. So ist bei hoher Einkommensmobilität das über mehrere Perioden gemittelte individuelle Einkommensniveau (im Sinne eines individuellen Durchschnittswertes) typischerweise weniger ungleich verteilt als bei periodenbezogener Querschnittsbetrachtung. Der betreffende Effekt ergibt sich daraus, dass sich über die Zeit hinweg zumindest für einen nicht unbeträchtlichen Teil der Bevölkerung Einkommensschwankungen tendenziell ausgleichen.

Dies könnte man unter dem Aspekt der Bedarfsgerechtigkeit insofern positiv beurteilen, als gerade für die unteren Einkommensschichten in einem derartigen Fall vergleichsweise große Aufstiegschancen existieren, was ein relativ hohes Maß an Chancengleichheit zum Ausdruck bringt. Auch Effizienzgesichtspunkte lassen eine hohe Einkommensmobilität positiv erscheinen, da dann hohe Einkommen in erheblichem Maße durch die individuelle Leistungsfähigkeit erreicht werden.

Auf der anderen Seite kann eine hohe Einkommensmobilität aber auch negativ gesehen werden, so gerade für risikoaverse Individuen, da sie für die besser gestellten Einkommensschichten Befürchtungen vor sozialen Abstiegen evident werden lässt und solcherart gewisse Einkommensunsicherheiten produziert (vgl. Fabig 1999, S. 14–15).

## Mobilitätsbefunde

Ausgehend von verschiedenen empirischen Mobilitätsbe-
funden, können idealtypisch folgende generellen Ergebnisse entsprechender Studien festgehalten werden (vgl.
hierzu ebenda, S. 28–59):

– Die Mobilität ist umso größer, desto größer der zeitliche Abstand zwischen Anfangs- und Endzeitpunkt
  der Betrachtungen ist.
– Die Mobilität ist an den Rändern der äquivalenten
  Nettoeinkommensverteilung geringer als in der Verteilungsmitte, wobei die Mobilität am oberen Verteilungsrand noch geringer als am unteren Rand ist.
– Bedeutsame Mobilitätsursachen sind u.a. das Alter der
  Untersuchungseinheiten, Veränderungen in der Haushaltszusammensetzung und das Steuer-Transfer-System.

In einer international-vergleichenden Betrachtung für die
1990er-Jahre wurde des Weiteren bei Fabig (1999, S. 332–
344) evident, dass in den betrachteten Ländern bzw. Ge-
bieten West- und Ostdeutschland sowie USA, Großbritannien und Ungarn die Mobilität der individuellen
Bruttoarbeitseinkommen jeweils geringer als die der äquivalenten Haushaltsbruttoeinkommen war. Dies verweist
darauf, dass vom Haushaltszusammenhang eher mobili-
tätserhöhende als -vermindernde Effekte ausgingen.

In den Mobilitätsvergleichen zwischen Westdeutschland einerseits und den USA bzw. Großbritannien andererseits zeigte sich ferner, dass die Einkommensmobilität am unteren Verteilungsrand für Arbeitslose in den
angloamerikanischen Staaten zwar größer als in West-

deutschland war. Gleichwohl waren die zu verzeichnenden Aufstiege in der Regel – sozusagen entgegen der Intuition des „American dream" – weniger weitreichend in Bezug auf die darüber angesiedelte Einkommenshierarchie. Grundsätzlich war zudem bei den äquivalenten Bruttoeinkommen die Mobilität am untersten Verteilungsrand, aber auch insgesamt in Westdeutschland (deutlich) höher als in den USA. Dies galt auch für den unteren Verteilungsrand bei den äquivalenten Nettoeinkommen. Da jedoch die Mobilität in der Mitte der äquivalenten Nettoeinkommensverteilung in den USA (wesentlich) höher als in Westdeutschland war, war die gesamte gemessene Mobilität der äquivalenten Nettoeinkommen in den USA höher als in Westdeutschland.

Speziell auf die bundesdeutschen Einkommensgegebenheiten im Zeitablauf abstellend, hat Sopp (2005, S. 249) auf der Grundlage einer beispielgebenden, die Wellen 1984 bis 2000 des Sozioökonomischen Panels umfassenden Längsschnittanalyse als Fazit festgehalten: „Am ehesten lässt sich von einer Segmentierung sprechen, also einer Verringerung der Einkommensmobilität."

Ergänzend stellten Grabka/Goebel (2013, S. 20–22) für Deutschland in der jüngeren Vergangenheit seit der deutschen Vereinigung – auf SOEP-Basis – ebenfalls eine abnehmende Einkommensmobilität fest. Innerhalb von Vierjahreszeiträumen fiel beispielsweise die Wahrscheinlichkeit, dem Armutsrisiko zu entkommen, von 1994–1997 auf 2008–2011 um 10 Prozentpunkte auf 46 %.

In das skizzierte Bild einer nicht zu vernachlässigenden Immobilität der deutschen Einkommensverteilung passt auch das beharrlich hohe Niveau der Langzeitarbeitslosigkeit in Deutschland seit der Jahrtausendwende. Die Personen, die mehr als 12 Monate arbeitslos waren, hatten 2000 einen Anteil an allen Arbeitslosen in Höhe von 37,4 %; nach einem Höhepunkt mit einem Anteilswert von 46,1 % im Jahre 2007 lag dieser Wert auch 2013 mit 35,6 % noch recht hoch (vgl. Bundesagentur für Arbeit 2014, S. 6). Zudem liegen die Abgangsraten in Beschäftigung für Personen, die mehr als zwei Jahre arbeitslos sind, in Deutschland schon seit einiger Zeit unterhalb von 2 % (vgl. hierzu Dingeldey 2015, S. 34).

## Intergenerative Einkommensmobilität

In neueren Studienergebnissen zeigte sich für Deutschland eine höhere intergenerative Einkommensmobilität gegenüber den USA in dem Sinne, dass durch die stärkere öffentliche Finanzierung des Bildungswesens in Deutschland der soziale Status der Eltern weniger einkommensbestimmend für die Kinder als in den USA war (vgl. hierzu Eberharter 2012, S. 289). Entsprechende Befunde offenbaren sich auch in anderen internationalen Untersuchungen. So zeigen subjektive ISSP-Daten (ISSP = International Social Survey Programme) für Deutschland (2009) nach Lettland unter insgesamt 40 aufgelisteten Ländern die zweitniedrigste soziale Persistenz im intergenerativen Zusammenhang auf. Das heißt: Dieses Ergebnis indiziert eine vergleichsweise hohe soziale Durchlässigkeit der bundesdeutschen Gesellschaft in Bezug auf den sozialen Status der Eltern- und der Kindergeneration (vgl. Bishop/Liu/Rodriguez 2014, S. 241–247). Gleichwohl haben Untersuchungen von Hirschel (2006, S. 369–374) – im Zusammenhang mit Arbeitseinkommensreichtum – deutlich gemacht, dass die soziale Herkunft – zumindest für den oberen Rand der Arbeitseinkommensverteilung – auch in

Deutschland sehr wohl eine bedeutende Determinante für
die soziale Stellung der Kindergeneration ist.

*Resümee*

Insgesamt scheint in den vergangenen Jahrzehnten die
Einkommensmobilität in Deutschland – insbesondere,
was Einkommensaufstiege aus den untersten Einkom-
mensregionen anbelangt (vgl. auch Groh-Samberg/Her-
tel 2015, S. 29–30, bzw. speziell in Bezug auf entsprechende Entwicklungen für die Älteren seit 2007 Bönke/
Faik/Grabka 2012, S. 175) – geringer geworden zu sein.
Anders formuliert, kann von Tendenzen zu einer stärker
zementierten Einkommenshierarchie in Deutschland gesprochen werden.

# 5. Zur Entwicklung
## der Vermögensverteilung

Aus einer umfassenden Wohlstandsperspektive heraus interessiert im Verteilungszusammenhang neben der Ungleichheit der personellen Einkommen auch die Ungleichheit der personellen Vermögen. Ungeachtet der an dieser Stelle existenten besonderen Datenerfassungs- und -bewertungsprobleme, wird nachfolgend zumindest ein Einblick in das bundesdeutsche Verteilungsgeschehen auf der Ebene der personellen Vermögen gegeben.

## 5.1 Zur „Verteilungsmasse"

Die nachfolgenden Betrachtungen konzentrieren sich dabei auf die Vermögensbestände, die von privaten Haushalten gehalten werden. Ehe auf Verteilungsergebnisse eingegangen wird, sei an dieser Stelle ein grober Eindruck von der verfügbaren „Verteilungsmasse" vermittelt: Nach Schätzungen des Statistischen Bundesamtes (für das Anlage- und Grundvermögen) und der Deutschen Bundesbank (für das Geldvermögen) beträgt das aus den genannten Vermögenskomponenten zusammengesetzte gesamte Bruttovermögen, welches aktuell (2013) von den privaten Haushalten und von den privaten Organisationen ohne Erwerbszweck (d.h. von Kirchen, Gewerkschaften usw.) gehalten wird, gut 11 Billionen Euro. Dieses Bruttovermögen verteilt sich zu fast 40 % – d.h. zu etwa 4,5 Billionen Euro – auf das Anlagevermögen (Sachanlagen und Geistiges Eigentum), zu ca. 16 % – d.h. zu fast 1,8 Billionen Euro – auf die Vermögensart „Bebautes Land" und (mit ca. 5 Billionen Euro) zu etwa 45 % auf das Geldvermögen.

Nach Abzug der Verbindlichkeiten ergibt sich für den privaten Sektor ein Nettovermögen von ca. 9,7 Billionen Euro. Gegenüber 1999 ist dieser Wert um etwa das 1,6-fache höher als das seinerzeitige Nettovermögen in Höhe von ca. 6,1 Billionen Euro (vgl. Statistisches Bundesamt/Deutsche Bundesbank 2014, S. 10–11).

Im Vergleich zum Bruttoinlandsprodukt von ca. 2,4 Billionen Euro war das bundesdeutsche private Nettovermögen damit 2013 etwa viermal so hoch. In dieser Rechnung sind die Anteile der privaten Haushalte am Unternehmensvermögen (im Sinne des Betriebsvermögens) noch nicht einmal berücksichtigt.

Wegen der großen Bewertungs- und Erfassungsprobleme einzelner Vermögensteile sind Vermögensanalysen in der Regel durch sehr pragmatische Operationalisierungen gekennzeichnet. Aus diesem Grunde werden im Folgenden vornehmlich empirische Aussagen zu den vergleichsweise gut dokumentierten Vermögensformen des privaten Geld- sowie Haus- und Grundvermögens und zur Summe dieser beiden Vermögenskategorien getroffen – sozusagen zum (von den privaten Haushalten besessenen) Volksvermögen im engsten Sinne (zum Volksvermögen siehe gegebenenfalls noch einmal die Ausführungen in Abschnitt 2.3).

## 5.2 Geldvermögensverteilung

Über die Verteilung der privaten Geldvermögen in Deutschland geben insbesondere die Einkommens- und Verbrauchsstichproben Auskunft. Hierbei ist aus den bisherigen EVS-Befunden (idealtypisch) hervorgegangen, dass vom gesamten privaten (Pro-Kopf-)Nettogeldvermögen die untere Verteilungshälfte in Deutschland weniger als 10 % besitzt. Demgegenüber verfügen die obersten 10 % der Verteilung beim Geldvermögen über etwa die Hälfte der Gesamtsumme (bzw. sogar über etwas mehr als die Hälfte). Die Ungleichverteilung des privaten Nettogeldvermögens ist dabei größer als die des privaten Bruttogeldvermögens. Dies ist durch die negative Korrelation zwischen Bruttogeldvermögen und Verschuldungsquote bedingt. Bei den vorstehenden Ausführungen sind allerdings die Beschränkungen der EVS-Datenbasis zu berücksichtigen, welche die sehr hohen Vermögen nicht enthält, sodass die Ungleichheit beim Geldvermögen de facto noch größer als hier angegeben ist.

Es zeigt sich typischerweise zum einen eine höhere Ungleichverteilung der Geldvermögen in West- gegenüber Ostdeutschland. Auf Basis der EVS 2008 lag die – via normiertem Variationskoeffizienten gemessene – Ungleichheit der privaten Geldvermögen in Westdeutschland um den Faktor 1,1 höher als in Ostdeutschland. Zum anderen ist die Geldvermögensungleichheit in der Regel etwas geringer als jene bei den Haus- und Grundvermögen: Ebenfalls auf EVS-2008-Grundlage (und erneut mittels des normierten Variationskoeffizienten gemessen) war in Deutschland die Ungleichverteilung der Geldvermögen um 15,2 % niedriger als die Ungleichheit beim Haus-/Grundvermögen. Während der entsprechende Un-

terschied in Westdeutschland 9,4 % betrug, war er in Ostdeutschland mit 39,1 % doch sehr beträchtlich (vgl. Faik/
Fachinger 2013, S. 17, eigene Berechnungen).

Zwar lassen die vorliegenden Befunde vermuten, dass
sich die bundesdeutsche Ungleichverteilung des Geldvermögens seit den 1980er-Jahren zumindest nicht drama-
tisch verändert hat (vgl. hierzu etwa – gewissermaßen im
Vergleich der betreffenden Befunde – Faik 2001, S. 69–71,
und Faik/Fachinger 2013, S. 16). Da aber die Einkom-
mens- und Verbrauchsstichproben den oberen Verteilungsrand nur unzureichend berücksichtigen, kann diese
Aussage primär nur auf den unteren und mittleren Bereich
der privaten Geldvermögensverteilung bezogen werden.

## 5.3 Haus-/Grundvermögensverteilung

Im vorherigen Abschnitt 5.2 wurde bereits kurz erwähnt,
dass die Ungleichverteilung des Haus- und Grundvermögens über alle privaten Haushalte hinweg – d.h. unabhän-
gig davon, ob ein Haushalt über Haus- und Grundvermögen verfügt oder nicht – in Deutschland stärker ausgeprägt ist als die des Geldvermögens. Im Unterschied
zum Geldvermögen, welches nahezu jeder Privathaushalt
Deutschlands in der einen oder anderen Anlageform besitzt, ist nur etwa die Hälfte aller bundesdeutschen Privathaushalte Immobilienbesitzer (vgl. hierzu bereits Stein
2004, S. 197–206).

In Ost-West-Vergleichen offenbart sich im Regelfall
eine höhere Ungleichverteilung des Bruttogrundver-
mögens in Ost- gegenüber Westdeutschland. Auf EVS-
2008-Basis (und mit dem normierten Variationskoeffizienten gemessen) war die Ungleichheit der Haus- und

Grundvermögenswerte in Ostdeutschland um den Faktor 1,4 höher als in Westdeutschland (vgl. Faik/Fachinger 2013, S. 17, eigene Berechnungen). Ein wesentlicher Grund für diese Divergenz ist in den unterschiedlich hohen Eigentümerquoten zu sehen: So lag gemäß Zensus 2011 die Eigentümerquote in den westdeutschen Flächenstaaten bei 49,8 %, in den ostdeutschen Flächenstaaten indes bei nur 39,8 % (nachrichtlich: Stadtstaaten: 20,7 %, Deutschland insgesamt: 45,8 %; vgl. Statistische Ämter des Bundes und der Länder 2014, S. 17).

## 5.4 Gesamtvermögensverteilung

Die vorstehenden Erörterungen bezogen sich auf Einzelaspekte der Vermögenskategorie. Demgegenüber geht es im Folgenden um die Verteilung des gesamten Vermögens, das in privaten Haushalten vorhanden ist.

### *Ungleichheitsvergleich zwischen Nettoeinkommen und -vermögen*

Empirische Untersuchungen für Deutschland zeigen, dass das Nettovermögen der Personen in privaten Haushalten wesentlich ungleicher als das Haushaltsnettoeinkommen verteilt ist. So wurden seit den 1970er-Jahren für das Pro-Kopf-Haushaltsnettovermögen (als Summe aus Geld- und Haus-/Grundvermögen) üblicherweise Gini-Koeffizienten um die Marke von 0,70 herum ermittelt, während die korrespondierenden Werte für das äquivalente Haushaltsnettoeinkommen lediglich etwa 0,30 betrugen. Dieser Unterschied ist vornehmlich das Ergebnis der posi-

tiven Korrelation zwischen Vermögenshöhe und daraus
erzielter Rendite. Daher kann die Ungleichverteilung von
Vermögen über die Zeit hinweg als ein sich selbst perpe-
tuierender Prozess angesehen werden – in dem Sinne, dass
über den Zinseszinseffekt aus der Akkumulation hoher
Einkommens- bzw. Vermögenswerte im Zeitablauf noch
(wesentlich) höhere Vermögenswerte werden.

In Deutschland ist den vermögensstärksten 10 % der
Personen in privaten Haushalten fast die Hälfte des Nettogesamtvermögens (in der Abgrenzung als Summe aus
Geld- sowie Haus- und Grundvermögen) zugeordnet,
während die unteren 50 % der Personen in Privathaushalten nur ca. 1 % des Nettogesamtvermögens inne haben
(vgl. BMAS 2013, S. 344).

## Einbezug der Spitzenvermögen

Hierbei ist zu beachten, dass in den EVS-Befragungsda-
ten bekanntermaßen die Vermögen der reichsten Personen nicht berücksichtigt sind. Daher ist in der Realität die
personelle Vermögensverteilung noch wesentlicher ungleicher, zumal auch noch in den eben referierten Befunden sehr ungleich verteilte Vermögenskomponenten wie
das Betriebsvermögen (fast vollständig) fehlen (vgl. hierzu
Faik 2001).

Ein Versuch, auch die Spitzenvermögen (und damit
auch weitere Vermögensarten wie das Betriebsvermögen)
in einer Verteilungsuntersuchung zu berücksichtigen,
stammt von Westermeier/Grabka (2015). Diese beiden
Autoren haben – für das Jahr 2012 – SOEP-Vermögens-
informationen mit Angaben der Reichenliste des For-
bes-Magazins kombiniert. Die Forbes-Liste enthält rund

50 Dollar-Milliardäre mit deutscher Staatsbürgerschaft. Deren Einbezug führt dazu, dass der Anteil der reichsten 10 % der Bevölkerung am gesamten Nettovermögen von der oben erwähnten Hälfte auf geschätzte Werte zwischen zwei Dritteln und drei Vierteln steigt. Für die obersten 1 % der Vermögensverteilung bewirkt die Hinzurechnung der sehr Reichen, dass sich deren Nettovermögensanteil von ca. einem Fünftel auf etwa ein Drittel erhöht.

## Zeitliche Entwicklung

Grundsätzlich offenbaren empirische Studien für (West-)Deutschland im Zeitablauf einen Rückgang der Vermögenskonzentration zunächst von den 1960er- zu den 1970er-Jahren (vgl. etwa Faik 2001). Für die – mittels der Einkommens- und Verbrauchsstichproben betrachteten – Jahre danach ergab sich hingegen eine Tendenz zu einem Anstieg in der gemessenen Vermögensungleichheit (d.h. hier bezüglich der Ungleichheit der Summe aus Geld- und Haus-/Grundvermögen). So stieg – auf EVS-Basis – zwischen 1998 und 2008 der vermögensbezogene Gini-Koeffizient um ca. 9 % (vgl. BMAS. 2013, S. 344).

Anhand von Untersuchungen zur personellen Vermögensverteilung in Deutschland von 1983 bis 1998 kam Stein (2004, S. 332) zu weitergehenden, quasi idealtypischen Ergebnissen bezüglich typischer Verteilungsmerkmale beim privat gehaltenen Vermögen:

– Ein größeres Vermögen geht in der Regel mit einem im Vergleich zum Geldvermögen größeren Haus-/Grundvermögen einher.

- Mit einem größeren Vermögen steigt die Wahrscheinlichkeit für den Erwerb von Wohneigentum durch Vererbung oder Schenkung.
- Ein höheres Vermögen korrespondiert mit einer vergleichsweise hohen Sparquote.

## Zusammenführung von Einkommen und Vermögen

Weitere interessante Einblicke in die Verteilung des privat gehaltenen bundesdeutschen Vermögens resultieren
aus einer personenbezogenen Kreuztabellierung verschiedener Nettogesamtvermögensklassen mit Äquivalenzeinkommensklassen. Auch in dieser Perspektive ist anhand
der Randverteilungen eine wesentlich stärkere Ungleichverteilung des Gesamtvermögens gegenüber dem äquivalenten Haushaltsnettoeinkommen ersichtlich. Während
etwa – auf Basis der EVS 2008 – 15,8 % der bundesdeutschen Bevölkerung ein äquivalentes Nettoeinkommen
von weniger als 60 % des Einkommensmedians aufweisen, sind dies beim Pro-Kopf-Nettovermögen immerhin
40,5 % aller bundesdeutschen Personen (vgl. hierzu Faik/
Fachinger 2013, S. 16).
Auf Basis des SOEP 2007 wurde ergänzend ermittelt,
dass 1,4 % der Bevölkerung in Deutschland sowohl beim
Nettoeinkommen als auch beim Nettovermögen zum
untersten Bevölkerungszehntel gehörten. Demgegenüber
waren 3,9 % der Bevölkerung in beiden Wohlstandskategorien jeweils den obersten 10 % zugehörig. In einer
aggregierteren Betrachtung gehörten 34,4 % der Bevölkerung der unteren Hälfte und 34,3 % der Bevölkerung der
oberen Hälfte jeweils sowohl beim Einkommen als auch

beim Vermögen an. Dies deutet die keineswegs vollständige, aber doch positive Korrelation zwischen Einkommens- und Vermögensverteilung an (vgl. hierzu Frick/Grabka/Hauser 2010, S. 122–124, zum Teil eigene Berechnungen).

Einen anderen Ansatz als die Kreuztabellierung von Einkommens- und Vermögenswerten stellt der Indikator des potenziellen Einkommens dar. Er setzt sich für einen Haushalt aus dem äquivalenten, jahresbezogenen Haushaltsnettoeinkommen und dem Haushaltsnettovermögen zusammen, wobei die Vermögensgröße künstlich – über die Vorgabe eines Diskontierungsfaktors – in (äquivalenz-skalengewichtete) Jahreswerte umgerechnet wird.

Hierbei verdeutlichen entsprechende Analysen, dass die Ungleichverteilung des potenziellen Einkommens ganz maßgeblich durch die Ungleichverteilung der annuisierten Vermögen beeinflusst wird. In einer Studie von Faik/Fachinger (2014, S. 104) ist auf Basis der EVS 2008 für Gesamtdeutschland die (mit dem normierten Variationskoeffizienten gemessene) Ungleichverteilung des potenziellen Einkommens 2,4-mal so hoch wie die Ungleichheit des Nettoeinkommens. Die gemessene (Netto-)Vermögensungleichheit wiederum ist fast fünfmal so hoch wie die Ungleichverteilung des potenziellen Einkommens.

## Umfassendere Vermögensbegriffe

Unter zusätzlicher Berücksichtigung einzelner Sachvermögenswerte (wie Schmuck, Kunstgegenstände usw.) sowie von Betriebsvermögen resultiert auf SOEP-Basis für Deutschland erwartungsgemäß eine etwas ungleichmäßigere Vermögensverteilung als bislang dargelegt (für die

Jahre 2002, 2007 und 2012; vgl. hierzu Grabka/Westermeier 2014 sowie zu qualitativ analogen Ergebnissen auch
Ammermüller/Weber/Westerheide 2005):

– Das Perzentilverhältnis der Vermögensuntergrenze
  der obersten 10 % der Vermögenshierarchie zur Vermögensobergrenze der untersten 50 % z.B. liegt dann
  bei immerhin ca. 15:1.
– Auch auf SOEP-Grundlage ist das Haus-/Grundvermögen mit einem Anteil von fast 70 % am Gesamtvermögen am bedeutendsten.
– Der für 2012 festgestellte Gini-Koeffizient für das
  Haushaltsnettovermögen in Höhe von 0,78 ist international vergleichsweise hoch.
– Mehr als ein Viertel (28 %) der erwachsenen Bevölkerung haben kein bzw. ein negatives Nettovermögen.
– Es ist auch 2012 noch ein starkes Ost-West-Gefälle zu
  beobachten, und zwar dergestalt, dass der ostdeutsche
  Durchschnittswert weniger als die Hälfte des westdeutschen Durchschnittswertes beträgt.
– Die geringsten Vermögen haben auch nach den vorliegenden SOEP-Befunden die Alleinerziehenden mit
  zwei und mehr Kindern, Arbeitslose sowie Auszubildende bzw. Praktikanten.
– Insgesamt kann auf SOEP-Basis konstatiert werden,
  dass die bundesdeutsche Vermögensungleichheit von
  2002 bis 2012 sich auf durchgängig hohem Niveau bewegte, wenngleich von 2007 auf 2012 das Ungleichheitsniveau leicht sank.

Berücksichtigt man auch noch das Alterssicherungsvermögen (in Form gesetzlicher, tariflicher oder privater Alterssicherungsanwartschaften), reduziert sich – auf

SOEP-2007-Basis – die Gesamtvermögensverteilung (gemessen am Ungleichheitsmaß des Gini-Koeffizienten) um ca. 20 %, ist aber immer noch (ebenfalls via Gini-Koeffizient gemessen) in etwa doppelt so hoch wie die Einkommensungleichheit (in der betreffenden SOEP-Datenbasis ca. 0,80 für Geld- und Sachvermögen, ca. 0,64 für Vermögen inklusive Alterssicherungsvermögen; dabei Gini-Koeffizient Altersversorgungsansprüche: ca. 0,62). Bei dieser Art der Messung von Vermögen bzw. Vermögensungleichheit bestehen indes gewisse methodische Bedenken, da das Alterssicherungsvermögen im Unterschied zu anderen Vermögensformen wie dem Sach- oder dem Haus-/Grundvermögen nicht veräußerbar ist.

Ein Grund für den letztgenannten Ungleichheitsrückgang ist die Tatsache, dass – etwa im Gegensatz zum Haus-/Grundvermögen – nahezu jeder bundesdeutsche Bürger Alterssicherungsansprüche hat. Die Gesamtvermögensungleichheit wird zudem durch den Einbezug des Alterssicherungsvermögens u.a. dadurch vermindert, dass die Leistungen der gesetzlichen Rentenversicherung wegen der Existenz einer Beitragsbemessungsgrenze gedeckelt sind. Gleichwohl erscheinen wegen sinkender Versorgungsniveaus sowie in Anbetracht von Lücken in den individuellen Erwerbsbiografien und dergleichen entsprechende ungleichheitsdämpfende Alterssicherungseffekte für die Zukunft weniger relevant (vgl. hierzu Frick/Grabka 2010).

Mittels der Datenquelle PHF ist ebenfalls eine recht hohe Ungleichheit des vergleichsweise weitreichend definierten privaten Vermögens in Deutschland sichtbar geworden. So betrug der Gini-Koeffizient für die Verteilung des gesamten privaten Haushaltsnettovermögens (d.h. Sach- und Finanzvermögen abzüglich der Verbindlichkeiten) im Jahre 2010 immerhin 0,76.

Bei der Interpretation dieser und der nachfolgenden Zahlen ist zu beachten, dass sich die von der Deutschen Bundesbank berichteten Ergebnisse zur privaten Vermögensverteilung gemäß PHF auf die Einheit Privathaushalt und nicht auf die Einheit Personen in Privathaushalten beziehen. Den obersten 10 % der Nettovermögensbezieher waren in der betreffenden PHF-Datenbasis 59,2 % des Nettovermögens zugeordnet. Damit war auf PHF-Grundlage die Vermögensungleichheit in Deutschland größer als im Euro-Raum (ohne Deutschland) mit einem Gini-Koeffizienten von 0,63 und einem Anteil der obersten 10 % in Höhe von 46,5 % (vgl. Deutsche Bundesbank 2013, S. 30).

## Erbschaften

Eine nicht unwesentliche Bestimmungsgröße für die Gesamtvermögensverteilung sind die Erbschaften (und die Schenkungen). Unter Kombination von Daten aus dem Volkswirtschaftlichen Rechnungswesen, aus der Steuerstatistik und aus Befragungen (vor allem SOEP) hat Schinke (2012) über den Zeitraum von 1911 bis 2009 einen u-förmigen zeitlichen Verlauf der Größenordnung von Erbschaften und Schenkungen für Deutschland geschätzt. 1911 lag der Anteil der Erbschaften und Schenkungen am Nationaleinkommen bei 15 %, ehe dieser Anteil – bedingt durch die Verwerfungen der beiden Weltkriege – bis zur Mitte des 20. Jahrhunderts auf weniger als 2 % sank. Erst in den vergangenen 50 Jahren ist er wieder gestiegen, und zwar auf 10 % (absolut auf 220 Milliarden Euro im Jahre 2009). Dieses zeitliche Muster ähnelte dem von Schinke gleichfalls betrachteten französischen Verlaufsmuster, allerdings auf für Deutschland etwas niedrigerem Niveau.

Für die Zukunft ist aufgrund der in Deutschland nach der Baby-boom-Periode gesunkenen Geburtenrate mit erheblichen Vermögensnachlässen auf vergleichsweise wenige Köpfe zu rechnen. Es ist m.E. zu erwarten, dass sich hierdurch die Vermögensverteilung in Richtung einer größeren Ungleichverteilung entwickeln wird.

# 6. Armut und Reichtum

Die Verteilungsrandbereiche bilden sowohl beim Einkommen als auch beim Vermögen der Armuts- und der Reichtumsbereich. Noch stärker als bei der Verteilungsmessung kommen bei der Armuts- und Reichtumsmessung methodische Feinheiten zum Tragen. Unterschiedliche begriffliche Abgrenzungen führen dazu, dass die nachfolgend dargelegten Befunde nicht in jeder Hinsicht miteinander vergleichbar sind.

Grundsätzlich gilt: Unterschreitet das Einkommen oder Vermögen einer Untersuchungseinheit einen bestimmten, niedrigen Schwellenwert, gilt sie als arm. Ist demgegenüber das Einkommen oder Vermögen höher als ein vergleichsweise hoher Schwellenwert, wird die betreffende Untersuchungseinheit als reich bezeichnet.

## 6.1 Begriffsbestimmungen

Zentral für die Messung von Armut ist gemäß dem Vorstehenden die Festlegung einer Armutsgrenze, da diese die Gesamtpopulation in Arme und Nichtarme unterteilt. Idealtypisch kommt in diesem Kontext die Fixierung *absoluter* und *relativer* Armutsgrenzen in Betracht. Absolute Armut fokussiert auf einen materiellen Mangelzustand, der die dauerhafte physische Reproduktion gefährdet.

*Relative Armut*

Im Unterschied hierzu bezieht sich relative Armut auf soziokulturelle Existenzminima. Zur Bildung einer relativen
Armutsgrenze ist es in den Sozialwissenschaften gängige
Praxis, die Armutsgrenze als 40-, 50- oder 60-Prozent-
*anteil* am mittleren Wohlstand festzulegen. Der Bezug auf
den Median, der die Verteilung in zwei gleich große Teile
aufteilt, definiert an dieser Stelle bei einem 60-Prozent-
anteil als Referenz das sogenannte Armuts*risiko*.

Zwar ist es die herrschende Meinung, dass diese Form
der Armut für hochentwickelte Industriestaaten wie die
Bundesrepublik die angemessene Form der Armutsmessung darstellt. Letztlich ist eine solche Armutsgrenzen-
festlegung nur eine spezifische Ausprägung sozialer *Ungleichheit*, und es ist umstritten, inwieweit hierdurch Armut insbesondere im Sinne einer materiellen Notlage
gemessen wird (zu den entsprechenden Problemen vgl.
beispielsweise Krämer 2000, S. 26–33, oder Faik 2005,
S. 542). Krämer (2000, S. 51) etwa schlägt im Zusammenhang mit solchen relativen Festlegungen vor, weniger von
„Armut", sondern eher von „Sozialnot" o.ä. zu sprechen.

Hinzu kommt die Problematik, welche Personengruppe als Bezugsgröße für die Festlegung der Armutsschwelle dient. Analoges gilt für die unten besprochene
Reichtumsschwelle. Bei regionalen Analysen könnte etwa
der regionale Mittelwert verwendet werden, aber auch ein
überregionaler Mittelwert. Beispielsweise kann sich ein
Vergleich zwischen West- und Ostdeutschland für beide
Landesteile auf den gesamtdeutschen, aber auch separat
auf den jeweiligen regionalen (west- bzw. ostdeutschen)
Mittelwert beziehen. Außerdem kann argumentiert werden, dass sich Personen eventuell nicht mit der Gesamt-

bevölkerung, sondern lediglich mit Personen in ähnlichen Lebensumständen (z.B. in Bezug auf die jeweiligen Haushaltsgrößen) vergleichen. Akzeptiert man eine solche Sicht, müsste man für jede Personengruppe (z.B. für jede Haushaltsgröße) eine separate Armutsgrenze (bzw. analog: eine separate Reichtumsgrenze) berechnen (vgl. hierzu Faik 2011).

Bezieht man sich ferner im Zusammenhang mit relativer Armut ausschließlich auf materielle Wohlfahrtsindikatoren wie z.B. auf das Einkommen oder das Vermögen, liegt – wie im Folgenden – gedanklich der sogenannte *Ressourcenansatz* zugrunde. Die darüber hinausgehende Berücksichtigung von Verwendungsentscheidungen bzw. von gesellschaftlichen Partizipationsmöglichkeiten (etwa Arbeitsmarktpartizipation oder Zugang zum Gesundheitswesen) definiert demgegenüber den *Lebenslagenansatz* relativer Armut.

## Mindestsicherungsleistungen

Informationen zum unteren Einkommensbereich enthalten in Deutschland auch die Mindestsicherungsstatistiken (für Sozialhilfe, Arbeitslosengeld II sowie Grundsicherung im Alter und bei Erwerbsminderung). Ein Problem im Hinblick auf die betreffenden statistischen Informationen besteht in der Gruppe der „verdeckt Armen", d.h. in der Gruppe der Personen, die zwar Anspruch auf Mindestsicherungsleistungen hätten, diese Leistungen aber (z.B. aus Stigmatisierungsängsten heraus) nicht in Anspruch nehmen (vgl. hierzu etwa Becker 2012).

Des Weiteren sind die Ergebnisse bezüglich der Mindestsicherungsleistungen insofern nur schwer mit denen der relativen Armutsmessung zu vergleichen, als a) die politisch gesetzten Grenzen für den Bezug von Mindestsicherungsleistungen anders dimensioniert sind, und zwar gegenüber der 60-Prozent-Median-Grenze typischerweise niedriger sind und b) im Rahmen der Mindestsicherungsleistungen – im Unterschied zum Konzept der relativen Einkommensarmut – zum Teil eigenes Vermögen leistungsmindernd berücksichtigt wird (vgl. hierzu Bäcker 2008, S. 358–359).

## Reichtum

Im Unterschied zur Armutsthematik ist die Messung von Reichtum vergleichsweise unterbelichtet. Eine Möglichkeit, Reichtum analog zur Armutsthematik (im Sinne des Ressourcenkonzepts) zu messen, besteht darin, einen Prozentsatz des mittleren äquivalenten Nettoeinkommens als Reichtumsgrenze festzulegen. Dies könnte z.B. das Doppelte des mittleren äquivalenten Nettoeinkommens sein. In einer erweiterten Perspektive kann im Reichtumskontext – wie im Armutszusammenhang – zuzüglich zum Haushaltseinkommen auf das Haushaltsnettovermögen abgestellt werden (vgl. hierzu Becker/Hauser 2003, S. 67–69).

## 6.2 Zur Entwicklung von Armut

Die Entwicklung von Armut in Deutschland ist – wie bereits in diesem Kapitel dargelegt – auch geprägt von den konkreten methodischen Setzungen in Bezug auf die Abgrenzung der Armutsschwelle, der Wahl der Äquivalenzskala, der gewählten Wohlstandsbegrifflichkeit usw. Dies ist bei den nachfolgend präsentierten Ergebnissen zu beachten.

## Relative Einkommensarmut seit den 1960er-Jahren

Grenzt man Armut als relative Einkommensarmut im Sinne einer 50-Prozent-Armutsschwelle (gemessen am Einkommensdurchschnitt) ab, geht etwa aus dem Armutsbericht der Hans-Böckler-Stiftung, des Deutschen Gewerkschaftsbundes und des Paritätischen Wohlfahrtsverbandes aus dem Jahre 2000 (im Folgenden verkürzt „Böckler-Bericht" genannt; vgl. Hanesch/Krause/Bäcker 2000) hervor, dass (unter Zugrundelegung der „alten OECD-Skala" als Äquivalenzskala) 9,1 % der bundesdeutschen Bevölkerung im Jahre 1998 als (relativ) arm galten. Im Untersuchungszeitraum (1985 bis 1998) ergaben sich nach dieser Studie anhand der Messziffer Armutsquote keine größeren Änderungen im Armutsniveau. In Westdeutschland waren nach der (gesamtdeutschen) 50-Prozent-Abgrenzung 8,7 % und in Ostdeutschland 10,7 % der Personen – grob gesprochen: jeweils ein Zehntel – einkommensarm. In Deutschland lebten 34,5 % der Personen in Haushalten mit einem Niedrigeinkommen (definiert als höchstens 75 % des durchschnittlichen äquivalenten Haushaltsnettoeinkommens).

Das jeweils ausgewiesene Armutsniveau kann allerdings ebenso wie die zeitliche Armutsrangordnung durch unterschiedliche Äquivalenzskalen nachhaltig beeinflusst werden. Gemessen an der Armutsquote (und einer unterstellten 50-Prozent-Armutsgrenze, bezogen auf den Einkommensdurchschnitt), ist aus einer weiteren Studie (Faik 2008, S. 30–32) trotz der Verwendung einer Vielzahl von Äquivalenzskalen in Bezug auf die jahresbezogene (Netto-)Einkommensarmut in Westdeutschland zwischen 1969 und 2003 (EVS) als Tendenz zu erkennen, dass vom Ende der 1960er-Jahre bis in die Mitte der 1970er-Jahre hinein die – via Armutsquote gemessene – relative Einkommensarmut gesunken ist. Anschließend ist sie aber seit Ende der 1970er-Jahre und hierbei besonders in den 1990er-Jahren mehr oder weniger sukzessive gewachsen. Problematisch an diesen Ergebnissen ist, dass die EVS nur alle fünf Jahre erhoben wird und über die dazwischenliegenden Jahre keine Auskunft gibt.

Ergebnisse von Becker/Hauser (2003, S. 117) für die Jahre 1969–1998 sind weitgehend mit den vorstehend genannten Sensitivitätsbefunden kompatibel. Allerdings stehen sie damit in gewissem Kontrast zur seitens des „Böckler-Berichts" festgehaltenen weitgehenden Armutsquotenkonstanz zwischen 1985 und 1998. Möglicherweise reflektieren sich hierin Unterschiede in den genutzten Datenbasen: Einkommens- und Verbrauchsstichproben bei Becker/Hauser versus SOEP im „Böckler-Bericht". Allerdings unterscheiden sich in den verschiedenen Studien die Armutsquotenwerte zwischen den einzelnen Jahren nicht derart gravierend, dass von *ausgeprägten* Armutstendenzen gesprochen werden müsste.

In Ergänzung zu diesen Befunden stellen Hauser/Becker (2004, S. 126–128) – auf Basis der Einkommens- und Verbrauchsstichproben 1998 und 2003 sowie alternativ auf SOEP-Basis – bei allen ausgewiesenen methodischen Variantenunterschieden im Detail tendenziell einen

Anstieg in der gesamtdeutschen relativen Einkommensarmut vom Ende des 20. bis zum Beginn des 21. Jahrhunderts anhand des Indikators der Armutsquote fest.

Diese allgemeine Tendenz setzte sich für Deutschland
bis in die jüngste Vergangenheit (2010) fort, wie u.a. die
OECD (2013) konstatiert hat. Sie wird begleitet von einem Anwachsen der Zahl der sogenannten „Working
poor", d.h. der Personen, die trotz einer Erwerbstätigkeit
als (relativ) arm zu bezeichnen sind. Als Gründe für deren steigende Armutsgefährdung werden für Deutschland
die Erosion des Normalarbeitsverhältnisses und zum Teil
sehr niedrige Löhne in bestimmten Berufszweigen genannt (vgl. Unger et al. 2013, S. 46–51).

Auch aus der Amtlichen Sozialberichterstattung der
Statistischen Ämter des Bundes und der Länder (vgl. Statistische Ämter des Bundes und der Länder 2015) geht auf
Mikrozensus-Basis über die Zeit hinweg ein (leichter) Anstieg der Armuts(risiko)quote hervor – bei Festlegung der
Armutsrisikoschwelle bei 60 % des Einkommensmedians
und unter Nutzung der neuen OECD-Skala. Die betreffende Quote betrug 2005 14,7 % und erhöhte sich bis 2013
auf 15,5 %.

Die überwiegende Anzahl bundesdeutscher Armutsstudien legt demnach für die jüngere Vergangenheit eine
Tendenz zur Verschärfung des Problems relativer Einkommensarmut in Deutschland nahe. Zwischen 2009 und
2010 blieb – auf SOEP-Datenbasis – allerdings das relative
Einkommensarmutsrisiko in Ostdeutschland weitgehend
unverändert, während es in Westdeutschland sogar leicht
fiel (vgl. Grabka/Goebel/Schupp 2012). Auch 2011 wuchs
das relative Einkommensarmutsrisiko – nach der im Wesentlichen bis zum Ende der 2000er-Jahre zu beobachten-

den Anstiegstendenz – nicht weiter (vgl. Grabka/Goebel 2013, S. 17).

Dennoch kann tendenziell festgehalten werden, dass in Deutschland seit den 1990er-Jahren die Armutsrisikoquote gestiegen ist. Dies scheint vor allem auf (Auseinander-)Entwicklungen am Arbeitsmarkt zurückzuführen zu sein. Demgegenüber haben – entsprechenden (SOEP-basierten) Analysen zufolge – die Rentenpolitik und demografische Einflussfaktoren tendenziell dämpfend auf die Entwicklung der Armutsrisikoquote eingewirkt. Staatliche Umverteilungsmaßnahmen hatten nur einen geringen Einfluss auf Veränderungen (im Sinne von Abschwächungen) des Armutsrisikos (vgl. Haupt/Nollmann 2014, S. 606). Letzteres ist dadurch bedingt, dass

„(...) öffentliche Transfers die unteren Bereiche der Einkommensverteilung in der Gegenwart wenig zielgenau erreichen und auf stark erhöhtem Niveau über die gesamte Verteilung streuen" (ebenda, S. 622).

## Soziodemografische Armutsdifferenzierung

In soziodemografischer Differenzierung zeigen die aktuellen Mikrozensus-Befunde der Amtlichen Sozialberichterstattung für das Jahr 2013 besondere Armutsrisiken für folgende Personengruppen im Sinne einer höheren gruppenbezogenen Quote im Vergleich zur allgemeinen Quote von 15,5 % (vgl. Statistische Ämter des Bundes und der Länder 2015):

– unter 18-Jährige (19,2 %) und 18–24-Jährige (24,8 %),
– weibliche Personen (16,2 %),

- 18–24-jährige Männer (23,5 %), 18–24-jährige Frauen
  (26,3 %), 65-jährige und ältere Frauen (16,2 %),
- Alleinstehende (26,4 %), Alleinerziehendenhaushalte
  (43,0 %), Paarhaushalte mit drei und mehr Kindern
  (24,3 %),
- Erwerbslose (58,7 %) bzw. Nichterwerbspersonen
  (20,9 %),
- Personen in Haushalten mit einem Haupteinkommens-
  bezieher mit einer geringen Qualifikation (39,3 %) bzw.
  25-jährige und ältere Personen mit einer geringen Qualifikation (30,3 %) sowie
- Personen ohne deutsche Staatsangehörigkeit (32,0 %)
  bzw. mit Migrationshintergrund (26,6 %).

Diesen Gruppen sollte wegen ihres erhöhten Armutsrisikos ein besonderes sozialpolitisches Augenmerk zuteil-
werden.


## Mindestsicherungsquoten

Die vorstehend skizzierte Entwicklung steht im Widerspruch zum zeitlichen Verlauf der Mindestsicherungsquote in Deutschland (vgl. ebenfalls ebenda), die von
10,1 % im Jahre 2006 auf 9,1 % im Jahre 2013 zurückging.
Die Mindestsicherungsquote bezieht sich auf die Leis-
tungsarten der Grundsicherung für Arbeitsuchende, der
Hilfe zum Lebensunterhalt, der Grundsicherung im Alter
und bei Erwerbsminderung, nach dem Asylbewerberleis-
tungsgesetz sowie der Kriegsopferfürsorge.
    Für die Gruppe der 65-Jährigen und Älteren sind hin-
gegen Anstiege in der entsprechenden (Grundsicherungs-)
Quote zwischen 2006 und 2013 festgehalten worden (für

alle Älteren von 2,3 auf 3,0 %, für die älteren Männer von 1,8 auf 2,6 % und für die älteren Frauen von 2,6 auf 3,3 %). Die durch die Bezugnahme auf staatliche Mindestsicherungsleistungen gemessene Altersarmut war aber ersichtlicherweise auch 2013 noch deutlich unterdurchschnittlich hoch.

An dieser Stelle ist nochmals auf die methodischen Unterschiede zwischen der Messung relativer Einkommensarmut einerseits und von Mindestsicherungsarmut andererseits hinzuweisen. So liegt die Armutsschwelle bei der relativen Einkommensarmut typischerweise höher als die Mindestsicherungsschwelle in Form der jeweiligen Leistungsniveaus. Außerdem wird Vermögen bei der relativen Einkommensarmut im Unterschied zur Teilanrechnung im Rahmen der staatlichen Mindestsicherungsleistungen nicht berücksichtigt.

## Internationale Perspektive

Im europäischen Maßstab zeigte sich einer Studie von Hauser/Strengmann-Kuhn (2004, S. 52–54) – auf Basis des Europäischen Haushaltspanels 1999 – zufolge, dass die allgemeinen Armutsquoten in Bezug auf die relative Einkommensarmut in Deutschland durchgängig – um etwa 4–5 Prozentpunkte – unterhalb des EU-(15-)Niveaus lagen. Dabei wurde jeweils von nationalen Armutsschwellen ausgegangen.

Je nach methodischer Ausgestaltung wies Deutschland die nach Schweden, Finnland, Dänemark und zum Teil Luxemburg viert- bzw. fünftniedrigste Armutsquote auf. Diese Befunde einer vergleichsweise mäßigen Positionierung Deutschlands bezüglich der Armuts(risiko)quoten wurden im EU-27-Zusammenhang in einer Neuauflage dieser Studie durch Hauser/Schüssler/Funke (2012, S. 75) auf der Datengrundlage von EU-SILC 2007 qualitativ bestätigt.

Es kann daher mit aller gebotenen methodischen und datenbezogenen Vorsicht festgehalten werden, dass das Phänomen der relativen (Einkommens-)Armut im EU-Maßstab für Deutschland eine relative geringe Bedeutung aufzuweist.

## Multidimensionale Armut

Im Zusammenhang mit dem Ausweis relativer Einkommensarmut ist zu betonen, dass hierdurch lediglich die Ressource Einkommen direkt berücksichtigt wird. Es erscheint aber im Sinne einer umfassenderen Beurteilung der materiellen Versorgungslagen von Wirtschaftseinheiten – der üblichen Argumentation im Rahmen sozialer Deprivationsansätze folgend – nicht unsinnig, zumindest auch noch das Haushaltsvermögen in die Betrachtungen einzubeziehen.

Im letztgenannten Sinne kann – wie bereits in Kapitel 5 bei der personellen Vermögensverteilung angedeutet – untersucht werden, wie viele Personen sowohl ein Einkommens- als auch ein Vermögensniveau von z.B. weniger als 50 % des jeweiligen Gesamtdurchschnitts aufweisen. Die im Folgenden skizzierten Befunde beinhalten aus datentechnischen Gründen erneut nur eine eingeschränkte Definition des Begriffes Vermögen: Dieses setzt sich wiederum lediglich aus dem Haus-/Grund- und dem Geldvermögen zusammen. Es ist dabei grundsätzlich davon auszugehen, dass etwa ein Zehntel der bundesdeutschen

Bevölkerung sowohl von relativer Einkommensarmut betroffen als auch durch ein vergleichsweise geringes Vermögen charakterisiert ist (vgl. in diesem Kontext etwa Becker/Hauser 2003, S. 121–123).

Eine weitergefasste Armutskonzeption lag der Studie von Böhnke/Delhey (1999) zugrunde. Auf Basis des durch verschiedene soziodemografische Variablen gekennzeichneten Wohlfahrtssurveys 1998 zeigt sich für die methodisch umfangreich definierte Versorgungsarmut (ohne relative Einkommensarmut!) für Westdeutschland eine um einen Prozentpunkt höhere Quote gegenüber der reinen relativen (Netto-)Einkommensarmut (mit einer 50-Prozent-Armutsgrenze gemessen am gesamtdeutschen Durchschnittswert) in Höhe von (in dieser Datenbasis lediglich) 5 %. In der betreffenden Studie wurde das Konzept der Versorgungsarmut über Mangelzustände in insgesamt 22 (Unterversorgungs-)Items operationalisiert (vgl. hierzu die Ausführungen in ebenda, S. 20–21 und S. 36–37).

Etwas anders abgegrenzt, hat Strengmann-Kuhn (2003, S. 265–271) mittels des Europäischen Haushaltspanels 1996 für verschiedene Ausstattungsgüter ebenfalls eine Versorgungsarmut berechnet. Sie betrug in Deutschland 10,1 % – im Vergleich zu Einkommensarmutsquoten in Höhe von 9,1 % (bei Verwendung des Monatseinkommens und einer 50-Prozent-Armutsgrenze auf Basis der alten OECD-Äquivalenzskala) bzw. 15,1 % (bei Verwendung des Jahreseinkommens; vgl. ebenda, S. 62). Die Versorgungsarmut liegt demnach in dieser Studie zwischen den beiden berechneten Einkommensarmutsquoten.

Grundsätzlich zeigt sich aber in entsprechenden Studien, dass das Einkommen zumindest eine geeignete Näherung für die Wohlstandslage ärmerer Personen dar-

stellt, wie sie sich in verschiedenen (materiellen) Mangella-
gen ausdrückt (vgl. hierzu Hauser/Schüssler/Funke 2012,
S. 215–220; vgl. auch – abgeschwächt – Groh-Samberg/
Goebel 2007, S. 403). Zudem muss beachtet werden, dass
die Auswahl der Mangelindikatoren mit einer gewissen
Willkür behaftet ist (vgl. hierzu etwa Busch/Peichl 2010,
S. 29, die im Übrigen mit ihrem multifaktoriellen Armuts-
ansatz auf SOEP-Basis für (West-)Deutschland von 1985
bis 2007 eine relativ hohe Armutskonstanz festhalten).

## Altersarmut

Speziell in Bezug auf das relative (Einkommens-)*Alters*-
armutsrisiko ist auf SOEP-Datenbasis für Personen in
Deutschland (ab 60 Lebensjahren) festgehalten worden,
dass die diesbezügliche Quote von 19,5 % im Jahre 1992
auf 14,8 % im Jahre 2010 zurückgegangen ist. Damit lag sie
2010 um etwa einen halben Prozentpunkt unterhalb der
allgemeinen Armutsrisikoquote (vgl. Bönke/Faik/Grabka
2012, S. 181–182).

Eine niedrigere Armutsrisikoquote für die Älteren ergab sich auch auf Mikrozensus-Basis gegenüber der Be-
völkerungsgesamtheit (nicht jedoch auf EU-SILC-2007-
Basis bei Hauser/Schüssler/Funke 2012, S. 75 und 77).
2013 z.B. betrug die Armutsrisikoquote der 65-Jährigen
und Älteren 14,3 % gegenüber 15,5 % für alle Personen,
wobei allerdings – wie bereits weiter oben in diesem Abschnitt festgehalten – die betreffende Quote der 65-jäh-
rigen und älteren Frauen mit 16,2 % leicht oberhalb der
allgemeinen Armutsrisikoquote lag (vgl. Statistische Ämter des Bundes und der Länder 2015). Auf die niedrigeren Grundsicherungsquoten der 65-jährigen und älteren

Männer und Frauen gegenüber der allgemeinen Mindestsicherungsquote wurde bereits oben hingewiesen.

Es ergeben sich allerdings erste Anzeichen für eine
künftige Zunahme der Altersarmut: So sind seit 2000 die
Zugangsrenten für männliche Neurentner in Deutschland – bis 2011 im Schnitt um 7 % – gesunken. Außerdem
haben – seit Einführung der Grundsicherung im Alter –
zuletzt mehr Menschen staatliche Hilfe im Alter in Anspruch genommen (vgl. hierzu Goebel/Grabka 2011, S. 3).

Der Altersarmutseffekt wird gegenwärtig zum Teil da-
durch gemildert, dass zunehmend mehr alte Menschen in
Paarhaushalten leben und dadurch – tendenziell – einen
Ausgleich individueller Einkommensdefizite erfahren.
Berücksichtigt man zudem noch die Vermögenslage der
älteren Bevölkerung, entspannt sich die Lage weiter: Ein
Fünftel der Einkommensarmen im Rentenalter verfügte
im SOEP 2007 über nennenswerte Vermögen, sodass die
Berücksichtigung des Vermögens die im SOEP gemessene
Armutsrisikoquote für die ältere bundesdeutsche Bevöl-
kerung seinerzeit von etwa 13 auf ca. 10 % sinken ließ (vgl.
ebenda, S. 3 und S. 9–11).

Für die Zukunft wird, wie oben bereits angedeutet,
vielfach ein Ansteigen der vorstehend referierten Quoten für Ältere erwartet. Es wird in diesem Kontext darauf hingewiesen, dass nicht zuletzt auch die durch verschiedene Reformen gestiegenen Einkommensrisiken bei
den Erwerbsminderungsrentnern zu beachten seien (vgl.
Krause/Ehrlich/Möhring 2013).

## 6.3 Zur Entwicklung von Reichtum

Nachdem zuvor auf den einen Pol der Wohlstandsverteilung – die Armut – geblickt wurde, wird sich nun mit dem Reichtum dem anderen Wohlstandspol zugewandt. Auch hier stehen wieder die beiden Wohlstandsvariablen Einkommen und Vermögen zur Verfügung – mit einer aufgrund der Datenlage prioritären Betrachtung des Einkommensreichtums.

### *Zeitliche Entwicklung der Reichtumsquote*

Die Entwicklung von Einkommensreichtum in Westdeutschland war laut Becker/Hauser (2003, S. 124) derart, dass – unter Beachtung der EVS-bezogenen Restriktionen – bei einer 200-Prozent-Abgrenzung im Vergleich zum Gesamtdurchschnitt (alte OECD-Skala) die Reichtumsquote einen Reichtumsrückgang von 1969 bis 1978 und danach bis zur Jahrtausendwende Anstiege indizierte. Hierbei lag der Anteil der Reichen an der Gesamtbevölkerung in dieser Definition zwischen 3,9 % (1978) und 4,9 % (1998). In der 300-Prozent-Abgrenzung (ebenfalls gegenüber dem Gesamtdurchschnitt) blieb der Reichenanteil über die Zeit hinweg ebenfalls bis zur Jahrtausendwende weitgehend konstant und schwankte nur schwach um die Marke von 1 % herum.

Eine SOEP-Zeitreihe von 1985 bis 2005 zum relativen Einkommensreichtum (mit einer 200-Prozent-Reichtumsgrenze in Bezug auf den Median und mit der neuen OECD-Skala) offenbart für Westdeutschland binnen 20 Jahren einen Quotenanstieg von 5,6 % im Jahre 1985 auf 7,3 % im Jahre 2005, d.h. um 1,7 Prozentpunkte. Für Gesamtdeutschland ergibt sich anhand der entsprechenden Zeitreihe zunächst von 1992 bis 1998 ein leichter Quotenrückgang von 7,3 auf 6,2 %, ehe die Reichtumsquote bis 2005 tendenziell gestiegen ist, und zwar bis auf 7,5 % (eigene Berechnungen auf der Grundlage von Spannagel 2013, S. 106 und S. 108).

Auf Mikrozensus-Basis zeigt sich ebenfalls bei einer 200-Prozent-Abgrenzung im Vergleich zum Einkommensmedian für die Reichtumsschwelle seit 2005 eine leichte Tendenz zum Anstieg der Reichtumsquote in Deutschland. Schwankte diese Quote zwischen 2005 und 2009 zwischen 7,7 und 7,8 %, so erhöhte sie sich für den Zeitraum von 2010 bis 2012 auf 8,1 % und bis 2013 auf 8,2 % (vgl. Statistische Ämter des Bundes und der Länder 2015). Insgesamt kann für Deutschland über die Zeit hinweg eine Tendenz zu einem Anstieg der Reichtumsquote konstatiert werden.

## Einkommensanteile der höheren Einkommen

Die obersten 10 % in der Verteilung der äquivalenten Nettoeinkommen (allerdings ohne die Spitzeneinkommen) hatten in der Untersuchung von Becker/Hauser (2003, S. 124) für die betrachteten Jahre 1969 bis 1998 in Westdeutschland jeweils ein Fünftel des Gesamteinkommens, die obersten 5 % jeweils ca. 13 % und das oberste Perzentil der Einkommensverteilung jeweils ca. 4 % des Gesamteinkommens inne.

Erweiterungen seitens des Deutschen Instituts für Wirtschaftsforschung (DIW) hinsichtlich der oberen Einkommen in Form von Schätzungen zeigen deutlich höhere Einkommensanteile für die Reichen, die sich zudem im

Zeitablauf etwas erhöht haben. Unter Verknüpfung von
Daten des SOEP mit der Einkommensteuerstatistik ergibt sich auf der Ebene der äquivalenten Nettoeinkommen im Jahre 2005 für die obersten 10 % der Einkom-
menspyramide ein Anteil von knapp 30 % nach ca. 28 %
im Jahre 1992. Das oberste 1 % der entsprechend gemessenen Einkommensverteilung hat seinen Anteil ebenfalls
erhöht, und zwar von 6,8 % auf 7,9 % (vgl. Bach/Corneo/
Steiner 2013, S. 133).

   Die vorstehende Entwicklung hängt u.a. damit zusammen, dass seit Mitte der 1980er-Jahre bis heute die Ge-
hälter der Konzernvorstände im Vergleich zu denjenigen
der Beschäftigten pro Kopf von dem fast 15- auf das fast
50-fache gestiegen sind (vgl. hierzu Schwalbach 2011, S. 5).
In dieses Bild passt, dass im Jahre 2013 die Vergütungen
der Vorstände bzw. Vorstandsvorsitzenden der DAX-Un-
ternehmen im Durchschnitt (ohne Pensionen) um das
53-fache oberhalb des in den betreffenden Unternehmen
geleisteten durchschnittlichen Personalaufwandes pro Be-
schäftigtem lagen (vgl. Hans-Böckler-Stiftung 2013, S. 1).

   In multidimensionaler Sicht haben Peichl/Pestel (2010)
bei ihrer Messung von Reichtum auf Basis des SOEP 2002
und des SOEP 2007 neben dem Einkommen auch noch
das Vermögen sowie die Rolle von Gesundheit und Aus-
bildung berücksichtigt. Hierbei zeigte sich, dass mehr als
die Hälfte der deutschen Bevölkerung in mindestens einer
der genannten Kategorien als reich galt. In allen vier Dimensionen zusammen war hingegen weniger als 1 % der
deutschen Bevölkerung als reich einzustufen.

## Gründe

Für die festgestellten gravierenden Unterschiede zwischen den (sehr) Reichen und den Nichtreichen, die sich in „Parallelgesellschaften" oder dergleichen äußern können (vgl. hierzu Hartmann 2014), werden in der Literatur (vgl. z.B. Stockhammer 2013, Schmid/Stein 2013, Ballarino et al. 2012 und OECD 2013) u.a. als Gründe genannt:

- der – durch die Globalisierung getriebene – technologische Wandel mit einem erhöhten Kapitalbedarf und einer gewachsenen Bedeutung der höher qualifizierten Arbeit, was mit entsprechenden Veränderungen in den relativen Preisen einhergehe, sowie
- die Bedeutungsgewinne der Finanz- gegenüber der Realwirtschaft z.B. mit ihrer Ausrichtung am Shareholder-value-Prinzip.

## Soziodemografische Reichtumsdifferenzierung

In den oberen Einkommens- *und* Vermögensschichten (jeweils oberhalb von 200 % des Durchschnitts) sind primär Haushalte mit männlicher Bezugsperson sowie Selbstständigen-, Angestellten- und Beamtenhaushalte vertreten (vgl. etwa Becker/Hauser 2003, S. 132). Hierbei offenbarte sich in einer intragenerativen (für die Jahre 1984–2010 SOEP-basierten) Längsschnittbetrachtung für Deutschland beim Einkommen ergänzend, dass für Aufstiege aus der Mittelschicht in die oberen Wohlstandsbereiche (im Sinne von mehr als 200 bzw. 300 % des Medians der äquivalenten Haushaltsnettoeinkommen) in erster Linie das (relativ hohe) Bildungsniveau des

Haushaltsvorstandes verantwortlich war (vgl. Tarvenkorn 2012, S. 220).

An dieser Stelle ist erneut darauf hinzuweisen, dass
in den einschlägigen Befragungsdaten die sehr Reichen
nicht berücksichtigt sind. Dass es sich hier um nicht zu
vernachlässigende Größenordnungen handelt, wird etwa
daran deutlich, dass in Deutschland immerhin fast 18.000
Personen ein Nettovermögen von mehr als 30 Millionen
US-Dollar aufweisen; hierbei sind in entsprechenden
Untersuchungen für Deutschland 149 Dollar-Milliardäre – und damit etwa dreimal so viele Personen wie auf
der in Abschnitt 5.4 erwähnten Forbes-Liste – festgehalten worden (vgl. UBS 2013; vgl. auch die ähnlichen Angaben in CapGemini/Royal Bank of Canada 2012, S. 9,
und 2013, S. 6, oder in Credit Suisse Research Institute
2013, S. 24).

## 6.4 Zum Verhältnis von Armut und Reichtum: Konvergenz oder Polarisierung?

Die vorstehend behandelten Verteilungsrandbereiche der
Armut und des Reichtums und deren zeitliche Entwicklungen können dazu genutzt werden, um Veränderungen
in der Verteilungsmitte (indirekt) darzulegen.

### Abgrenzung von drei Verteilungsbereichen

Zur Abgrenzung der drei Verteilungsbereiche unten,
Mitte und oben bieten sich prinzipiell zwei Alternativen
an (vgl. Atkinson/Brandolini 2011):

*Erstens* können die drei Bereiche in feste Perzentilbereiche untergliedert werden, z.B. in die „unteren 20 %", die „mittleren 60 %" und in die „oberen 20 %". Eine derartige, konstante Abgrenzung ermöglicht es zwar, soziodemografische Veränderungen innerhalb der Bereiche zu untersuchen. Allerdings können mit solchen festen Perzentilvorgaben keine Anteilsveränderungen in Bezug auf das gesamte Wohlstandsniveau zwischen den drei Verteilungsbereichen ausfindig gemacht werden.

Hierzu bedarf es einer anderen Bereichsabgrenzung: Dies ist die *zweite* Alternative, der zufolge die drei Bereiche über Anteile an einem mittleren gesellschaftlichen Wohlstandsniveau voneinander unterschieden werden. Beispielsweise könnte der untere Verteilungsbereich die Obergrenze „60 % des Medianwertes" und der obere Verteilungsbereich die Untergrenze „200 % des Medians" haben; der mittlere Verteilungsbereich (die „Mittelschicht") wäre folglich zwischen 60 und 200 % des Medians verortet. Auf diese Weise können über die Zeit hinweg unterschiedliche prozentuale Besetzungshäufigkeiten der drei Bereiche untersucht werden. Im Mittelpunkt derartiger Untersuchungen stehen – im Unterschied zur Armutsbzw. Reichtumsforschung – differenzierte Betrachtungen bezüglich der Mittelschicht.

Eine möglichst breite Mittelschicht fördert nach allgemeiner Auffassung – sozusagen als eine Art gesellschaftliches Fundament – die gesellschaftliche Integration weiter Teile der Bevölkerung. Im Umkehrschluss führt eine Verminderung der Bedeutung der Mittelschicht sozusagen zu Statusunsicherheit, ja sogar bis hin zu Fremdenhass und zur Segregation in Form von Armenvierteln und schwächt mithin die gesellschaftliche Integration (vgl. Goebel/Gornig/Häußermann 2010, S. 8). Mit einer Verminderung der

Bedeutung der Mittelschicht sind daher nicht nur subjektive Verunsicherungen (in Form von Abstiegsängsten), sondern auch in einem objektiven Sinne eine Schwächung von Wirtschaft und Gesellschaft verbunden, was letztlich durch zunehmende soziale Konflikte in einer stärker polarisierten Gesellschaft bedingt ist (vgl. hierzu ISG 2011, S. 11).

## Bevölkerungsanteile der Mittelschicht

Vergleicht man im vorstehenden Sinne die Entwicklung der Bevölkerungsanteile seitens der (relativ) Einkommensreichen (d.h. der Personen mit mehr als 200 % des Median-Äquivalenzeinkommens) und seitens der (relativ) Einkommensarmen (d.h. der Personen mit weniger als 60 % des Median-Äquivalenzeinkommens), sind auf SOEP-Grundlage Polarisierungstendenzen für Deutschland seit der Jahrtausendwende insofern auszumachen, als – wie bereits in den Abschnitten 6.2 und 6.3 skizziert – die betreffenden Anteilswerte der Reichen und der Armen jeweils tendenziell gestiegen sind (vgl. hierzu auch Groh-Samberg 2009, S. 592; zu einem Anstieg der Polarisierung der Einkommen in Deutschland seit den 1990er-Jahren bzw. seit der Jahrtausendwende vgl. Grabka/Goebel 2013 bzw. Scherg 2014).

Grabka/Frick (2010) haben in einer rein einkommensbezogenen Betrachtung auf SOEP-Basis für die mittleren Einkommensgruppen (bei ihnen zwischen 70 und 150 % des Medianeinkommens) einen Anteilsrückgang um acht Prozentpunkte von 62 % im Jahre 2000 auf 54 % im Jahre 2006 festgehalten. Insofern sprechen sie für Deutschland von einer schrumpfenden Mittelschicht und betonen ergänzend, dass ihren Analysen zufolge die Abwärtsmobilität in der Mittelschicht ausgeprägter als die Aufwärtsmobilität sei.

Eine besondere Dynamik hinsichtlich der Polarisierung von Einkommen halten auch Goebel/Gornig/Häußermann (2010) seit 2000 fest. Grundsätzlich haben in ihren ebenfalls SOEP-basierten Betrachtungen zwischen 1993 und 2009 die Verteilungsränder der Armut und des Reichtums in Deutschland an Bedeutung gewonnen. Die Einkommenspolarisierung sei dabei in Schüben erfolgt: Einen ersten Höhepunkt habe sie Mitte der 1990er-Jahre erlebt, ehe sie bis 2000 gesunken sei, um dann bis 2006 – wie von Grabka/Frick (2010) bereits herausgearbeitet – gestiegen und schließlich bis 2009 konstant hoch geblieben sei. Allgemein heben Goebel/Gornig/Häußermann hervor, dass sich die Einkommenspolarisierung in konjunkturell günstigen Zeiten mit Beschäftigungszuwächsen tendenziell reduziere – im Gegensatz zu konjunkturell ungünstigen Zeiten.

Der These einer zunehmenden Einkommenspolarisierung mit einem „Wegbrechen" der Mittelschicht in Deutschland widersprechen Enste/Erdmann/Kleineberg (2011). Ihnen zufolge haben sich – bei Wahl eines anderen Betrachtungszeitraums (1993–2009) – über den Gesamtzeitraum seit der deutschen Einigung nur geringe – und daher im Grunde genommen vernachlässigenswerte – Verminderungen in den Bevölkerungsanteilen der mittleren bundesdeutschen Einkommensgruppen ergeben (und zwar um ca. zwei Prozentpunkte).

Im Rahmen der Diskussionen um eine zunehmende Einkommenspolarisierung in Deutschland wird darüber hinaus mitunter in grundsätzlicher Weise darauf hingewiesen, dass derartige Effekte a) durch die Wahl der Prozentsätze vom Median zur Abgrenzung der drei Einkommensbereiche sowie b) durch den zugrunde gelegten Zeitraum maßgeblich beeinflusst werden können.

So führt in einer SOEP-basierten Analyse des Instituts für Sozialforschung und Gesellschaftspolitik (vgl. ISG 2011, S. 14–16) die Setzung der Obergrenze des unteren Einkommensbereiches bei 60 % und der Untergrenze des oberen Einkommensbereiches bei 200 % zu einer flacheren Polarisierungsentwicklung, als wenn – wie in den oben genannten Studien von Grabka/Frick und von Goebel/Gornig/Häußermann – die Grenzziehungen bei 70 % und bei 150 % erfolgen.

Die Wahl des Zeitraums ist den ISG-Befunden zufolge vor dem Hintergrund bedeutsam, dass die stärkste Veränderung der Einkommenspolarisierung zwischen 1997 und 2003 stattgefunden habe. Diese Veränderung spiegelt sich auch in der für 2000 bis 2006 von Grabka/Frick festgehaltenen Schrumpfung der (Einkommens-)Mittelschicht um immerhin acht Prozentpunkte. Demgegenüber hätte – wie oben angedeutet – etwa die Zugrundelegung des Zeitraums von 1993 bis 2009 zu einem Rückgang der (Einkommens-)Mittelschicht um lediglich etwa zwei bis drei Prozentpunkte (je nach Zugrundelegung der Grenzen „70 % und 150 %" bzw. „60 % und 200 %") geführt.

## Umfassendere Mittelschichtsdefinition

In der Literatur (vgl. etwa Atkinson/Brandolini 2011) wird vielfach eine rein einkommensbezogene Polarisierungsdebatte und damit eine rein einkommensbezogene Definition der Mittelschicht als unzureichend angesehen. Es sei sinnvollerweise auf weitere soziale Kategorien abzustellen. Neben dem Einkommen seien etwa auch noch der Bildungsstand oder die berufliche Position zu berücksichtigen.

Unter zusätzlicher Berücksichtigung derartiger Variablen hat das Institut für Sozialforschung und Gesellschaftspolitik (vgl. ISG 2011, S. 18–22) zusätzlich zur tendenziell sich auseinanderentwickelnden Einkommensverteilung in Deutschland seit 1993 (bis 2009) eine Erhöhung des Bildungsstands der deutschen Bevölkerung sowie eine tendenziell unveränderte Berufsstruktur festgestellt.

Diese Entwicklungen können als Indizien gegen die allein mit dem Indikator Einkommen (zumindest von einigen Autoren) dargelegte zunehmend spannungsreichere gesellschaftliche Entwicklung in Deutschland gewertet werden (vgl. ebenda, S. 6–11). Insgesamt erscheint daher die These von der (signifikant) schrumpfenden Mittelschicht in Deutschland aktuell zwar nicht völlig von der Hand zu weisen, gleichwohl aber weniger begründet zu sein, als dies zunächst den Anschein hat.

# 7. Erklärungsansätze

In diesem Kapitel wird der Versuch unternommen, einige laut Literatur wesentliche Einflussfaktoren auf das personelle Verteilungsgeschehen in einem Land näher zu beleuchten. Im Einzelnen werden nachfolgend im Hinblick auf das bundesdeutsche personelle Verteilungsgeschehen die Rolle des demografischen Wandels für die Wohlstandsverteilung ebenso wie wirtschaftliche, insbesondere konjunkturelle Entwicklungen, von Faktormärkten ausgehende Einflüsse sowie Effekte des Steuer-Transfer-Systems diskutiert.

## 7.1 Vorbemerkungen

Sowohl die personelle Einkommens- als auch die personelle Vermögensverteilung können als multifaktoriell bedingt gelten. Grob kann man (gemäß Grüske 1985, S. 51–53 und S. 78–95) individuelle, marktbedingte und institutionelle Einflussfaktoren voneinander unterscheiden.

Dabei setzen sich die *individuellen Faktoren* zusammen aus

– nicht beeinflussbaren Faktoren: a) angeborene Merkmale wie Geschlecht, b) Umwelt wie Elternhaus oder kulturelle Umwelt, c) Alter und d) ererbtes Vermögen,

– bedingt beeinflussbaren Faktoren: a) Gesundheit, b) Fähigkeiten, c) dynamische Faktoren wie Motivation, Mobilität, Fleiß, Persönlichkeit usw. sowie d) „Verbindungen" im Sinne sozialer Beziehungen und – in Bezug auf den Vermögenserwerb – e) Sparneigung und -quote,

– individuell beeinflussbaren Faktoren: a) Aus-/Weiterbildung, b) Beruf, Berufserfahrung und -training, c) individuelle Präferenzen und d) die Formation spezifischer Haushaltstypen.

Hinsichtlich der *marktbedingten Faktoren* sind die Strukturen auf den existierenden Arbeits- und Kapitalmärkten mit den entsprechenden Marktergebnissen des Lohnes und des Zinses zu nennen. Außerdem sind die *institutionellen Einflüsse* verteilungsrelevant. An dieser Stelle kann die Ausgestaltung des Steuer-Transfer-Systems ebenso genannt werden wie die gesetzlichen Regelungen in einem Land (nicht zuletzt hinsichtlich der vorgegebenen Eigentumsordnung).

Die verschiedenen, vorstehend genannten Faktoren stehen in zum Teil komplexen Beziehungen zueinander und prägen – zusammen mit der Komponente des Zufalls – die individuellen Einkommens- bzw. Vermögenswerte und damit deren jeweilige Stellung in der gesamten Einkommens- und Vermögenshierarchie. Von den zuvor erwähnten Faktoren werden im Folgenden die individuellen Merkmale Alter bzw. Haushaltsformation unter dem Stichwort „Demografischer Wandel", die marktbezogenen und zum Teil institutionell (wie die Eigentumsordnung) vorgegebenen Faktoren „Wirtschafts(krisen)entwicklungen" und „Faktormärkte" sowie der institutio-

nelle Faktor des Steuer-Transfer-Systems unter „Umverteilung" behandelt.

Da es – wie oben dargelegt – sehr viele Einflussfaktoren
auf die personelle Wohlstandsverteilung gibt, handelt es
sich bei der nachfolgenden Differenzierung um ein selek-
tives Vorgehen. Dieses hat primär illustrativen Charakter.
Eine tiefergehende Betrachtung muss einer weiterführen-
den Kausalanalyse vorbehalten bleiben.

## 7.2 Demografischer Wandel und Wohlstandsverteilung

In Bezug auf den Zusammenhang zwischen Demografie
und Wohlstandsverteilung ist grundsätzlich festzuhalten,
dass demografische Einflüsse sowohl direkt als auch indirekt auf die personelle Wohlstandsungleichheit einwirken können. Der direkte Einflusskanal ergibt sich aus der
Gegenüberstellung von Lebensalter einerseits und (durchschnittlicher) Einkommens- oder Vermögenshöhe andererseits. Man spricht dann von sogenannten Alters-Ein-
kommens- bzw. Alters-Vermögens-Profilen. Diese Profile
können sowohl im Querschnitt (für unterschiedliche Alterskohorten) als auch im Längsschnitt (für ein und die-
selbe Alterskohorte über deren Lebensverlauf hinweg) erstellt werden.

Auf der indirekten Einflussebene kommen als Über-
tragungskanäle prinzipiell der Arbeits-, der Kapitalmarkt, das Steuer-Transfer-System, die Einkommensver-
wendung und die makroökonomische Ebene in Betracht.
Demografische Einflüsse werden über diese Kanäle beispielsweise dadurch an die personelle Wohlstandsverteilung weitergegeben, dass eine älter werdende Gesell-

schaft typischerweise – im Rahmen des Steuer-Transfer-Systems – höhere Transferausgaben (d.h.: höhere Gesundheits-, höhere Rentenausgaben und dergleichen) bei steigenden Steuerzahlungen und erhöhten Sozialbeiträgen verursacht (vgl. in diesem Zusammenhang Faik 2012b, S. 3). Auf diese Weise findet in diesem Beispiel sozusagen eine Ressourcenumverteilung von Jung zu Alt statt.

## Shift-share-Analysen

Im Rahmen sogenannter Shift-share-Analysen wird in Bezug auf die personelle Einkommensverteilung im Querschnitt vereinfachend von allen denkbaren Einflussfaktoren in der Regel nur die Demografie im Sinne der in einer Gesellschaft gegebenen Altersstruktur variiert. Das heißt: Man verwendet für zwei Vergleichsjahre jeweils eine einheitliche Altersstruktur (und damit jeweils gleiche Alters-Einkommens- bzw. gleiche Alters-Vermögens-Profile) und vergleicht die betreffenden Ungleichheitsergebnisse anschließend mit den de facto gegebenen Ungleichheitswerten.

Aus der Differenz zwischen hypothetischen und tatsächlichen Ungleichheitswerten wird auf den Einfluss der Demografie auf die Ungleichverteilung der Ressourcen geschlossen. Ist die hypothetische Altersverteilung mit einem geringeren Grad der Alterung verbunden als die faktische Altersverteilung und ist in dieser alternden Gesellschaft der hypothetische Ungleichheitswert für ein bestimmtes Jahr niedriger als der faktische, gehen vom demografischen Wandel in dieser Sicht ungleichheitserhöhende Einflüsse aus (und umgekehrt). Die Alterung wirkt sich demzufolge in diesem Fall in einer Erhöhung der Wohlstandsungleichheit aus.

Empirische Shift-share-Analysen offenbaren – im Zusammenhang mit der Untersuchung von Einkommensungleichheit – zumeist einen eher geringen direkten Einfluss der Demografie auf die im Querschnitt gemessene gesamte Einkommensungleichheit. Die indirekten Verteilungs- bzw. Demografieeffekte, wie sie über die anderen Einflusskanäle vermittelt werden (etwa in Form unterschiedlicher altersbezogener Partizipationsraten am Arbeitsmarkt), erscheinen deutlich bedeutsamer (vgl. zu einer Übersicht über entsprechende Forschungsergebnisse Faik 2014, S. 231–244).

### Inter- versus intragenerative Ungleichheit

Um einen Eindruck über Altersstruktureffekte auf die gemessene Wohlstandsungleichheit zu erhalten, kann die gesamte Wohlstandsungleichheit auch in eine inter- und eine intragenerative Ungleichheitskomponente zerlegt werden. Die intergenerative Komponente misst dabei die Wohlstandsunterschiede (im Durchschnitt) zwischen verschiedenen Altersgruppen, während die intragenerative Komponente die Wohlstandsungleichheit innerhalb einer Altersgruppe angibt.

In einer SOEP-basierten Studie für den Zeitraum von 1995 bis 2009 hat Faik (2014, S. 178–179) folgende Verschiebungen in der Rangordnung der einzelnen Altersklassen bezüglich der gruppeninternen Ungleichheitswerte bei der Wohlstandsgröße des äquivalenten Haushaltsnettoeinkommens festgestellt: Zu Beginn der Zeitreihe hatte die Gruppe der 60-Jährigen und Älteren die niedrigste grup-

peninterne Einkommensungleichheit inne, während diese
Rolle gegen Ende der Beobachtungsperiode der jüngsten
Altersgruppe (den bis 29-Jährigen) zukam.

Es erscheint plausibel, dass die weitgehend konstant
gebliebene Ungleichverteilung der Transfereinkommen
im Beobachtungszeitraum für die Gruppe der Älteren
zu einer im Vergleich zu den Jüngeren niedrigeren gruppeninternen Ungleichheit geführt hat. Dies ist vor dem
Hintergrund zu sehen, dass die Älteren typischerweise in
Haushalten leben, für die Transfereinkommen die dominierende Einkommensquelle darstellen. Demgegenüber
leben die Jüngeren üblicherweise in Haushalten, bei denen
den Arbeits- und Kapitaleinkommen, deren Ungleichverteilung über die Zeit hinweg tendenziell gestiegen ist, ein
größeres Gewicht zukommt.

Die betreffenden Berechnungen offenbaren allerdings
trotz aller Unterschiede im Detail zugleich, dass diese (al-
ters-)gruppeninternen Ungleichheitswerte über den Beobachtungszeitraum hinweg dennoch typischerweise
durch eine recht hohe positive Korrelation zur Ungleichheitsentwicklung auf der allgemeinen Ebene gekennzeichnet waren. Daraus kann gefolgert werden, dass die Intra-
gruppenungleichheit nur bedingt durch das Merkmal Alter, d.h. demografisch determiniert ist. Auch dies ist ein
Indikator dafür, dass – wie eingangs zu diesem Abschnitt
ausgeführt – die direkten demografisch bedingten Un-
gleichheitseinflüsse eher gering zu sein scheinen.

Summa summarum sind die gruppeninternen Ungleichheiten für die gesamte gemessene Einkommensungleichheit deutlich bedeutsamer als die gruppenübergrei-
fenden Einkommensunterschiede zwischen den Altersgruppen. Das heißt, dass die der Tendenz nach gestiegene
Einkommensungleichheit in Deutschland im Wesent-

lichen auf die Ungleichheit innerhalb der Altersgruppen zurückzuführen ist. Gründe hierfür wurden bereits in Abschnitt 4.3 genannt: die gewachsene Bedeutung der besonders ungleichmäßig verteilten Kapitaleinkommen, die Ausbreitung sogenannter atypischer Arbeitsverhältnisse (z.B. Teilzeitarbeit oder Minijobs) sowie Veränderungen der Haushaltsstrukturen in Richtung zunehmend homogamer Partnerschaften (d.h. in Richtung von Partnerschaften mit gleichem oder ähnlichem Bildungs- bzw. Einkommensniveau).

## 7.3 Wirtschafts(krisen)entwicklungen und Wohlstandsverteilung

Bereits bei der Diskussion der Entwicklung der funktionalen Einkommensverteilung in Deutschland wurde auf den Einfluss konjunktureller Entwicklungen hingewiesen. Entsprechend äußern sich derartige Effekte auch auf der Ebene der personellen Wohlstandsverteilung. Die betreffenden Zusammenhänge werden nachfolgend für Deutschland vorrangig am Beispiel der jüngsten Finanzkrise 2007–2010 thematisiert. An dieser Stelle ist allerdings noch einmal darauf hinzuweisen, dass diese jüngste Krise – im Gegensatz zu früheren Krisen (allerdings mit gewissen Ungleichheitsparallelen zur kleineren Wirtschaftskrise 2002–204; vgl. Faik 2014a, S. 14) – sehr stark durch Rückgänge der Kapitaleinkommen und damit durch eine Verminderung der Gewinnquote charakterisiert war. Dies stellt gewissermaßen eine Besonderheit dieser jüngsten Krise dar.

## Nivellierung der Ungleichheit in der Krise

Im Rahmen der Krise 2007–2010 ergab sich in Deutschland beim Übergang von 2008 zum Hauptkrisenjahr 2009 sowohl auf der Brutto- als auch auf der Nettoeinkommensebene ein Ungleichheitsrückgang (vgl. ebenda, S. 14). Für die Einkommensnivellierungen auf der Ebene der Haushaltsbrutto- und -nettoeinkommen im Zusammenhang mit der Krise 2007–2010 könnte u.a. die „German answer to the economic crisis" – sprich: die sozialstaatlich-solidarische Krisenbewältigung mittels des Instruments der Kurzarbeit (vgl. hierzu Brenke/Rinne/Zimmermann 2011, S. 1) – eine nicht zu unterschätzende Rolle gespielt haben, und zwar durch das „Abpuffern" des Absinkens der Nettoeinkommen von Personen im unteren Einkommensbereich bzw. aus der unteren Mittelschicht (vgl. z.B. Faik 2012a, S. 6).

Faik hält ferner fest, dass – bei den im SOEP erfassten monatlichen Nettoeinkommen – auf dem Höhepunkt der Wirtschaftskrise (2009) vor allem die gruppeninterne Ungleichheit der Reichen zurückging (vgl. ebenda, S. 10). Dies ist Ausdruck der bereits mehrfach erwähnten Verringerung der Ungleichheit bei den Kapitaleinkommen, die für die oberen Einkommensschichten von besonderer Bedeutung sind.

Diese Argumentation ist insofern verkürzt, als in den gängigen Datenbasen die thesaurierten (d.h. die nicht ausgeschütteten) Unternehmensgewinne nicht berücksichtigt werden (vgl. Behringer/Theobald/van Treeck 2014 bzw. Bank/van Treeck 2015, S. 45). Das – statistisch allerdings nicht leicht zu untermauernde – verstärkte Einbehalten von Gewinnen in den Unternehmen während der Krise – mit späteren Ausschüttungen an die Kapitaleigentümer – deutet darauf hin, dass der Rückgang der Kapitaleinkommen in der Krise und die dadurch hervorgerufene Verminderung der Einkommensungleichheit statistisch als zu stark ausgewiesen werden (vgl. Behringer/Theobald/van Treeck 2014, S. 5).

## Zur Art der wirtschaftlichen Krisenbewältigung in Deutschland

Der Vergleich der Wirtschaftskrisen 2002–2004 und 2007–2010 offenbart für Deutschland auf der makroökonomischen Ebene die typischen Konjunkturmuster: Die Inflationsrate und das wirtschaftliche Bruttoinlandsprodukts-Wachstum sanken in der Abschwungsphase (2002/2003 und 2008/2009) und stiegen dann wieder in der Aufschwungsphase (2003/2004 und 2009/2010). Genau umgekehrt verhielt es sich mit der Arbeitslosenquote. In der jüngsten Wirtschaftskrise war der betreffende Effekt – nicht zuletzt wegen der bereits erwähnten Kurzarbeitergeldzahlungen – hin zum konjunkturellen Tiefpunkt 2009 mit einem Anstieg der betreffenden Quote um 0,3 Prozentpunkte allerdings nur gering, was angesichts des gleichzeitigen Wachstumseinbruchs um fast sechs Prozentpunkte sehr erwähnenswert erscheint (vgl. Faik 2012a, S. 14).

Ein weiterer Indikator für eine vergleichsweise gute (makro-)ökonomische Bewältigung der Krise von 2007–2010 in Deutschland ist, dass sich das private Verschuldungsverhalten durch diese Krise in Deutschland nicht wesentlich verändert hat. Es hat entsprechend auch nicht als Konsumbremse gewirkt. 2009 etwa bedeutete für 40 % der verschuldeten Haushalte der Schuldendienst eine

„schwere Belastung", während für die anderen 60 % der verschuldeten Haushalte der Schuldendienst nach eigener Auskunft nur ein geringes bzw. kein Problem darstellte. Diese Zahlen sind für Deutschland im Zeitablauf relativ stabil (vgl. Karl/Schäfer 2011, S. 5–9).

Insgesamt kann demnach für Deutschland festgehalten werden, dass es – von den makroökonomischen Kernkennzahlen (Arbeitslosigkeit, Wirtschaftswachstum, Inflation) her besehen – die betreffende Krise vergleichsweise gut überwunden hat. Dafür können auf der makroökonomischen Ebene vor allem zwei Gründe genannt werden: Erstens konnten Absatzeinbrüche in westlichen Industrieländern durch Absatzsteigerungen in Schwellenländern größtenteils kompensiert werden. Zweitens fiel wegen der nur geringen Arbeitsmarktauswirkungen der Krise in Deutschland die Inlandsnachfrage nur wenig. Letzteres stand in scharfem Gegensatz etwa zu den USA oder Spanien, wo eine zunächst überschäumende Inlandsnachfrage nach dem Platzen der Spekulationsblasen auf den dortigen Kapitalmärkten zu massiven Beschäftigungseinbrüchen mit dann entsprechend negativen Auswirkungen auf die Inlandsnachfrage führte (vgl. Brenke 2011, S. 2).

## 7.4 Faktormärkte und Wohlstandsverteilung

Bedeutsame Einflüsse auf die Wohlstandsverteilung gehen nachvollziehbarerweise auch von den Faktorentlohnungen – den Primäreinkommen – und damit von den Faktormärkten aus, was vorstehend an verschiedenen Stellen bereits angedeutet worden ist. Als Faktormärkte sind in diesem Zusammenhang der Arbeits- und der Kapitalmarkt zu nennen.

*Arbeitsmarkt*

Hierbei stellt die über den Arbeitsmarkt vermittelte Beziehung zwischen Arbeitslosigkeit und Einkommensungleichheit ein Beispiel für einen ungleichheitsbestimmenden Faktor dar, der vom Arbeitsmarkt ausgeht. So ist eine Erhöhung der Arbeitslosigkeit zwar nicht notwendigerweise, aber doch typischerweise mit Erhöhungen der Einkommensungleichheit korreliert (worauf bereits in Abschnitt 4.3 hingewiesen worden war). Dies zeigen SOEP-basierte Berechnungen von Faik (2014, S. 206–208) für den Zeitraum 1995–2009 in Gesamtdeutschland sehr klar.

Auch die negative Lohndrift zwischen Effektiv- und Tariflöhnen, die sich in Deutschland in den vergangenen Jahren ausgebreitet hat, ist hier als Einflussfaktor bezüglich der personellen Einkommensungleichheit zu nennen. Sie ist die Folge der in Deutschland seit der Jahrtausendwende vorgenommenen und mit einem Rückgang der Gewerkschaftsmacht einhergehenden Flexibilisierung des Arbeitsmarktes. Diese beinhaltete verstärkte Öffnungsklauseln für die tarifliche Lohnbindung, was das Auseinanderdriften der Löhne nach Sektoren förderte und vor allem bei den Arbeitgebern von Geringverdienern zu einer „Tarifflucht" führte. Auch verstärkte sich der Gegensatz zwischen Kern- und Randbelegschaften (vgl. etwa Dingeldey 2015, S. 38–39, und Pfaller 2012, S. 7–9)

Es erscheint plausibel, dass die genannten, vom Arbeitsmarkt ausgehenden Einflussfaktoren für sich genommen tendenziell die personelle Einkommensungleichheit in Deutschland erhöht haben.

## Kapitalmarkt

Bezogen auf den Einflussfaktor Kapitalmarkt, zeigt sich in empirischen Untersuchungen für Deutschland bei wachsender Gewinnquote (siehe Abschnitt 4.1) seit Mitte der 1990er-Jahre – wie in Abschnitt 4.2 bereits erwähnt – eine Tendenz zu einer steigenden Ungleichheit der ohnehin besonders ungleich verteilten Kapitaleinkommen. Hierbei ist zudem und nochmals anzumerken, dass die entsprechenden Verteilungswirkungen in der Empirie noch größer wären, würde man die thesaurierten Gewinne zu den Einkommen der Kapitaleigentümer zählen. Die Ungleichheit bei den Kapitaleinkommen als Folge gestiegener Gewinne wird – bei einer Anlage der Gewinne am Kapitalmarkt – durch die positive Korrelation zwischen Höhe des Anlagebetrages und Höhe der Rendite verstärkt.

Zu nennen sind im vorliegenden Kontext auch die vergleichsweise hohen, an Kapitalmarktanlagen gebundenen Bonuszahlungen an Führungskräfte (trotz deren formaler Zuordnung zu den Arbeitseinkommen in den Daten, sofern die betreffenden Beträge überhaupt erfasst sind). Bereits an dieser Stelle ist ferner auf die relativ moderate Besteuerung der Kapitaleinkünfte in Deutschland hinzuweisen. Hierauf wird im folgenden Abschnitt 7.5 noch ausführlicher eingegangen.

Insgesamt können für Deutschland von der Entwicklung der Kapitaleinkommen sehr deutliche Effekte in Richtung einer Erhöhung der Ungleichverteilung der personellen Einkommen festgehalten werden.

## 7.5 Umverteilung und Wohlstandsverteilung

Für den festgestellten Anstieg der Einkommensungleichheit auch auf der Ebene der Nettoeinkommen in Deutschland seit Mitte der 1990er-Jahre ist als weiterer Einflussfaktor auf die staatliche Umverteilung via Steuer-Transfer-System einzugehen. Die betreffende Umverteilung hat bei den Privathaushalten für 2011 (SOEP-Daten) dazu geführt, dass die – via Gini-Koeffizient – gemessene Ungleichheit der äquivalenten Einkommen in Höhe von 0,50 auf der Markteinkommensebene über 0,35 bei den Bruttoeinkommen auf 0,29 auf der Ebene der Nettoeinkommen vermindert wurde (vgl. Bach/Grabka/Tomasch 2015, S. 150–151).

*Empirische Umverteilungsbefunde*

Empirische Zeitverlaufsbefunde machen in diesem Zusammenhang deutlich, dass sich die ausgleichende Umverteilungswirkung des deutschen Steuer-Transfer-Systems seit Mitte der 1990er-Jahre vermindert hat. Beispielsweise lag nach SOEP-Berechnungen von Faik (2014, S. 203–205) 1995 der entsprechende Umverteilungseffekt allein durch das Steuer- und Abgabensystem (im Sinne der Ungleichheitsreduktion von der Brutto- zur Nettoeinkommensebene auf der Grundlage des Ungleichheitsindikators Normierter Variationskoeffizient) noch bei gut einem Drittel. Bis 2009 sank dieser Umverteilungseffekt indes auf fast ein Viertel.

Im Einklang mit dieser Beobachtung – und damit in Richtung einer Verschärfung der Verteilungsdisparitäten auf der Ebene der Nettoeinkommen – stehen Berechnungen, denen zufolge bereits seit den 1970er-Jahren in Deutschland tendenziell eine erhöhte steuerliche Belastung der Arbeitseinkommen einerseits und eine verstärkte steuerliche Entlastung der Unternehmenseinkommen andererseits stattgefunden hat (vgl. hierzu Schäfer 2012, S. 592, oder Jarass/Obermair 2012, S. 18).

Auch die Berechnungen von Bach/Corneo/Steiner (2013) weisen in diese Richtung. Ihnen zufolge lag z.B. der effektive Durchschnittssteuersatz bei der Einkommensteuer für die obersten 1 % der Einkommensbezieher mit 30,5 % im Jahre 2005 bei lediglich ca. zwei Dritteln des gesetzlichen Spitzensteuersatzes (vgl. ebenda, S. 128).

## Steuerliche Progression

Die Progressionswirkungen des deutschen Einkommensteuersystems haben seit Mitte der 1990er-Jahre u.a. dadurch abgenommen, dass zwar gegenüber 1995 der Eingangssteuersatz von 19 auf 14 %, doch zugleich der Spitzensteuersatz wesentlich stärker von 53 auf 42 % vermindert wurde. Hinzu kommt die Verminderung der Progressionswirkungen durch die 2009 eingeführte Zinsabgeltungssteuer speziell für die Kapitaleinkommen, die grundsätzlich proportional und gegenüber dem Spitzensteuersatz bei der Einkommensteuer, relativ besehen, nur mäßig in Höhe von 25 % auf alle Vermögenserträge (inklusive der Veräußerungsgewinne) erhoben wird.

Weitere Faktoren, die die vertikale Wohlstandsumverteilung „von oben nach unten" abgeschwächt haben bzw. abschwächen, sind – im Hinblick auf die personelle Vermögensverteilung bzw. die Ungleichheit bei den Kapitaleinkommen – die Abschaffung der Vermögensteuer von

1997 und die weiterhin recht moderate Besteuerung von Erbschaften (mit relativ hohen Freibeträgen bzw. immer noch erheblichen Vergünstigungen der Unternehmensvermögen; vgl. Becker/Hauser 2009, S. 83–92, und Bach 2015, S. 111–116).

Alles in allem kann der festgehaltene Trend zu einer Ungleichheitszunahme in Deutschland auch auf eine verminderte Umverteilung der Primäreinkommen zurückgeführt werden, obwohl im internationalen Maßstab das Umverteilungsniveau in Deutschland weiterhin relativ hoch ist (was bereits in Abschnitt 4.3 hervorgehoben wurde).

# 8. Verteilungswahrnehmungen in der Bevölkerung

Die in den vorangegangenen Kapiteln skizzierte gestiegene Polarisierung in der Wohlstandsverteilung und damit in den objektiven Lebensverhältnissen in Deutschland reflektieren sich auf der subjektiven Ebene u.a. darin, dass das bundesdeutsche Sozialstaatsmodell zunehmend kritischer hinterfragt wird. So ist das Vertrauen in die deutsche Sozialstaatskonzeption im 21. Jahrhundert gegenüber den 1990er-Jahren deutlich gesunken: von ca. 70 % auf etwa 50 % (vgl. Statistisches Bundesamt/GESIS/WZB 2008, S. 293).

*Subjektive Sichtweisen*

Vor dem Hintergrund derartiger Entwicklungen stehen im Folgenden subjektive Sichtweisen im Vordergrund, die sehr stark von Gerechtigkeitsempfindungen geprägt sind. Sie fußen auf der wahrgenommenen Qualität des eigenen Lebens und den Einschätzungen über „einzelne Lebensbereiche sowie (auf) bilanzierenden Gesamturteilen" (Bulmahn 2002, S. 38). Es wird dabei auf das subjektive Wohlbefinden der deutschen Bevölkerung anhand von positiven (z.B. Glück, Zufriedenheit) und negativen Komponenten (d.h. Besorgnis, Anomiesymptome) fokussiert (vgl. hierzu Krömmelbein et al. 2007, S. 34–43).

## Datengrundlagen

Von der Datenseite her sind entsprechende, spezifische sozialwissenschaftliche Datenerhebungen die Grundlage – wie die von 2005 bis 2008 im Auftrag des Bundesministeriums für Arbeit und Soziales durchgeführte Befragung „Einstellungen zum Sozialstaat" (kurz: Sozialstaatssurvey), die bis 1998 ebenfalls für Deutschland erhobenen Wohlfahrtssurveys sowie die Allgemeine Bevölkerungsumfrage in den Sozialwissenschaften (ALLBUS) und die internationalen Befragungen Eurobarometer bzw. International Social Survey Programme (ISSP).

## 8.1 Konfliktwahrnehmungen

In diesen Datenbasen wird mehr oder weniger direkt danach gefragt, wie die bestehenden Verteilungsdisparitäten wahrgenommen werden. Hierbei eventuell auftauchende Konfliktlinien können aus sozialpolitischer Sicht als Indikatoren für die gegebene gesellschaftliche (In-)Stabilität angesehen werden.

## Wahrnehmung von Verdienstunterschieden

Kiatpongsan/Norton (2014) haben – auf der Datenbasis des ISSP – im vorstehenden Sinne untersucht, wie hoch in der Wahrnehmung der Bevölkerung die Einkommensunterschiede zwischen den Geschäftsführern bzw. leitenden Angestellten (den so genannten CEOs) auf der einen Seite und den Durchschnittsbeschäftigten auf der anderen Seite sind bzw. nach Auffassung der Befragten sein sollten. Für die USA beispielsweise stellen die beiden Autoren ein aus Sicht der Befragten „ideales" Verhältnis von 7:1 fest, während die wahrgenommene Ungleichheitsrelation bei 30:1 und die tatsächliche gar bei 354:1 liegen.

Betrachtet man alle 40 von den beiden Autoren untersuchten Länder zusammen, beträgt die ideale Relation ca. 5:1 und die wahrgenommene ca. 10:1. Für Deutschland kommt aus den Befunden zum Ausdruck, dass die ideale Relation bei etwa 6:1 anzusiedeln ist – im Unterschied zu der tatsächlich festgestellten Relation in Höhe von ca. 147:1 (das wahrgenommene Ungleichheitsverhältnis beträgt ungefähr 16:1).

Aus diesen Zahlen kommt ein allgemeiner Wunsch nach (deutlich) niedrigeren Verdienstunterschieden zum Ausdruck. Die korrespondierenden Befunde sind dabei robust über nach dem Alter, dem Qualifikationsniveau und dem (subjektiven) sozioökonomischen Status unterschiedene Subgruppen hinweg (zu ähnlichen Befunden – auf Basis des bundesdeutschen Sozialstaatssurveys – vgl. Nüchter et al. 2008).

## Konfliktarten und ihre Wahrnehmung

Speziell für die Konfliktwahrnehmung Arm versus Reich kann für Gesamtdeutschland auf Daten der Wohlfahrtssurveys 1993 und 1998 sowie der Sozialstaatssurveys von 2005 bis 2008 rekurriert werden. In den beiden Wohlfahrtssurveys 1993 und 1998 bewerteten knapp die Hälfte bzw. fast 60 % der Befragten in Deutschland den Konflikt zwischen Arm und Reich als ziemlich stark bzw. als sehr stark. Die korrespondierenden Prozentwerte in den Sozialstaatssurveys von 2005 bis 2008 (zwischen knapp 75 %

und knapp 80 %) waren sogar noch deutlich höher. Inwieweit dieser Anstieg um immerhin 15 bis 30 Prozentpunkte
Ausdruck der gegenüber den 1990er-Jahren gestiegenen
Wohlstandspolarisierung (vgl. Faik/Becker 2009b, S. 13)
oder schlichtweg das Ergebnis zumindest teilweise unterschiedlicher Erhebungsdesigns zwischen Wohlfahrts-
und Sozialstaatssurveys ist, kann hier nicht abschließend
geklärt werden. Festzuhalten bleibt aber jedenfalls, dass
der Konflikt zwischen Arm und Reich in Deutschland
eine vergleichsweise hohe Priorität hat.

Beispielsweise im (bis dato letzten) Sozialstaatssurvey
2008 ordneten 79 % der Bevölkerung in Deutschland den
Konflikt zwischen Arm und Reich als ziemlich stark bzw.
als sehr stark ein. Bei folgenden Personengruppen war dieser Prozentwert jeweils höher (vgl. ebenda, S. 15):

– Erwachsene mit Eltern (86 %),
– 18–29-Jährige (85 %) und 30–39-Jährige (84 %),
– Arbeiter (82 %) und Arbeitslose (82 %) – darunter: Kurz-
  zeitarbeitslose (84 %) und Langzeitarbeitslose (82 %),
– Alleinerziehende,
– Personen mit mittlerer Bildung,
– Personen im untersten und zweituntersten Quintil der
  Verteilung der (Haushaltsnetto-)Äquivalenzeinkom-
  men,
– Frauen (jeweils 81 %) sowie
– einfach Beschäftigte (80 %).

Überwiegend handelt es sich hierbei um soziale Problemgruppen (vgl. passend hierzu auch die von Hauser/Faik/
Glatzer 2000, S. 519, auf empirischer Grundlage vor-
genommene soziodemografische Systematisierung des
Niedrigeinkommensbereiches).

Allgemein liegt der wahrgenommene Gegensatz von Arm und Reich mit den genannten 79 % nur knapp hinter dem wahrgenommenen Interessenskonflikt zwischen der Programmatik rechter und linker Parteien (81 %) an zweiter Rangstelle der vorgegebenen Liste möglicher Konfliktarten und damit noch vor den Wahrnehmungen der Konflikte zwischen Beitragszahlern und Leistungsempfängern der sozialen Sicherung (68 %), zwischen Arbeitgebern und abhängig Beschäftigten sowie zwischen Gastarbeitern und Deutschen (jeweils etwa 60 %) und der Geschlechterbeziehung (31 %).

In einer tiefergehenden Gliederung nach der subjektiven Schichtzugehörigkeit zeigt sich für Deutschland – erneut auf Basis des Sozialstaatssurveys 2008 – über alle betrachteten Konfliktarten hinweg eine Tendenz zu einer abnehmenden Konfliktintensität von der Arbeiter- über die Mittel- hin zur oberen Mittel-/Oberschicht. Auch scheinen – den entsprechenden Befunden zufolge – Frauen die betreffenden Konflikte intensiver als Männer wahrzunehmen, was gegebenenfalls mit einer im Durchschnitt schwierigeren sozialen Lage von Frauen in der bundesdeutschen Gesellschaft begründet werden kann.

In einer altersbezogenen Differenzierung offenbart sich eine Polarisierung zwischen der betrachteten jüngsten und der ältesten Altersklasse: Die 18–29-Jährigen haben – mit Ausnahme des Konfliktes Arbeitgeber versus Arbeitnehmer – jeweils die höchste wahrgenommene Konfliktintensität inne, während die 65-Jährigen und Älteren wesentlich niedrigere wahrgenommene Konfliktintensitäten aufweisen. Die Prozentpunktdifferenzen zwischen den beiden genannten Altersgruppen bewegen sich zwischen knapp zwei Prozentpunkten (Konflikt Männer versus Frauen) und fast 18 Prozentpunkten (Konflikt

Leistungsempfänger versus Beitragszahler; vgl. hierzu ausführlich Faik/Becker 2009b, S. 15 und S. 33–35).

## Soziale Rangunterschiede

Trotz der Wahrnehmung und überwiegend kritischen Einschätzung der vorstehenden (möglichen) Konflikte, vertraten in der ALLBUS aus dem Jahre 2004 immerhin gut 60 % der Befragten die Auffassung, dass eine Einkommensdifferenzierung die individuelle Motivation erhöhe. In den verschiedenen Sozialstaatssurveys 2005 bis 2008 waren dies jeweils etwas mehr als die Hälfte der Bevölkerung (vgl. ebenda, S. 18). Qualitativ kann daher an dieser Stelle festgehalten werden, dass das Ziel der Leistungsgerechtigkeit in Deutschland für die Bevölkerungsmehrheit durchaus einen hohen Stellenwert einnimmt. Wie im Weiteren dargestellt wird, wird dieser Aspekt gleichwohl durch andere Gerechtigkeitsnormen relativiert.

So waren etwa in den ALLBUS-Erhebungen 2000 für 57 %, 2004 für 56 % und 2008 für 54 % der Befragten die jeweils bestehenden sozialen Rangunterschiede zwar grundsätzlich akzeptabel. Die kardinalen Einkommensdifferenzen wurden allerdings überwiegend als problematisch bezeichnet: In diesem Sinne wurden die betreffenden Unterschiede im Jahre 2000 nur von 42 %, 2004 von 32 % und 2008 gar nur von 27 % der deutschen Bevölkerung als gerecht bewertet (vgl. ebenda, S. 16–18). Im Einklang mit dieser kritischen Beurteilung sozialer Ungleichheit stuften im Wohlfahrtssurvey 1998 und in den Sozialstaatssurveys 2005 bis 2007 etwa drei Viertel und im Sozialstaatssurvey 2008 gar gut vier Fünftel der Befragten die Verteilung des Wohlstands in Deutschland als überhaupt nicht bzw. als eher nicht gerecht ein (vgl. Glatzer et al. 2008, S. 323). Diese Einschätzung deckt sich (qualitativ) mit der eingangs zu Abschnitt 7.1 dargelegten Beurteilung der existierenden Verdienstunterschiede laut der Studie von Kiatpongsan/Norton (2014).

Weitere Befunde in Richtung einer recht kritischen Beurteilung der Wohlstandsverteilung in Deutschland sind z.B.:

– ALLBUS 2008: Zirka zwei Drittel der Befragten stimmten einer Umverteilung zu Gunsten „einfacher Leute" zu.
– Sozialstaatssurvey 2008: Etwa vier Fünftel der Befragten stimmten einer Umverteilung zwecks individueller Bedarfssicherung zu (vgl. Faik/Becker 2009b, S. 18).
– European Social Survey (ESS) 2002 bis 2010: Die Zustimmung zu Umverteilungsmaßnahmen zur Verringerung der Einkommensungleichheit stieg in Deutschland von etwa 54 % im Jahre 2002 auf ca. 67 % im Jahre 2010, was im europäischen Vergleich einer Mittelfeldposition gleichkam. Auch hat sich der Anteil derjenigen, der angab, mit seinem Einkommen nur schwer auszukommen, von 2002 (13,6 %) bis 2010 (15,3 %) – mit einem Höhepunkt im Jahre 2006 (18,2 %) – etwas erhöht, ist allerdings im europäischen Vergleichsmaßstab (mit einem Durchschnittswert von ca. 30 %) recht niedrig (vgl. BMAS. 2013, S. 328).
– ALLBUS 2000 bis 2008: Zwischen 38 und 45 % der Befragten bezeichneten ihren Anteil am Lebensstandard als nicht gerecht; in den Sozialstaatssurveys 2005 bis 2008 lagen die entsprechenden Prozentsätze in einer ähnlichen Größenordnung (vgl. Glatzer et al. 2008, S. 336). Ebenfalls im Einklang mit diesen Befunden ga-

ben zwischen 1992 und 2010 jeweils etwa ein Drittel der in der ALLBUS in Westdeutschland Befragten an, keinen gerechten Anteil am erreichten gesellschaftlichen Wohlstand in Deutschland zu erhalten; in Ostdeutschland waren dies seit 1996 sogar jeweils etwa zwei Drittel der Befragten (vgl. Scheuer 2013, S. 381).

Dieses letztgenannte Ost-West-Gefälle wird im Übrigen auch auf SOEP-Basis bestätigt. So ergibt sich hinsichtlich der Beurteilung der tatsächlichen Löhne auch 25 Jahre nach der deutschen Einigung noch ein deutlicher Unterschied. Für 2013 wurde festgehalten, dass 44 % der ostdeutschen Beschäftigten die gezahlten Arbeitseinkommen als ungerecht empfinden, weil sie letztlich die erbrachten Leistungen nicht adäquat widerspiegelten. Im Westen Deutschlands trifft dies nur auf ca. ein Drittel der Beschäftigten zu. Diese Unterschiede gleichen sich allerdings seit 2005 einander an, weil in Westdeutschland das Ungerechtigkeitsempfinden bezüglich der gezahlten Arbeitseinkommen zu steigen scheint (vgl. hierzu Liebig/Hülle/Schupp 2014).

Insgesamt kann trotz des durchaus hohen Stellenwertes der Leistungsgerechtigkeit konstatiert werden, dass die konkreten materiellen Unterschiede in Deutschland von einem Großteil der Bevölkerung zumindest für problematisch gehalten werden.

## 8.2 Zur Wahrnehmung von Armut

Bezogen sich die vorstehenden Ausführungen vorrangig auf die Wahrnehmung von Ungleichheit über die *gesamte* Wohlstandsverteilung hinweg, wird nachfolgend

zunächst der Blick auf den *unteren* Verteilungsabschnitt
in Form der Wahrnehmung von Armut gerichtet. In Abschnitt 8.3 folgt dann der entsprechende Blick auf den anderen Verteilungsrand, den des Reichtums.

Subjektive Armutsbetrachtungen beziehen sich dabei
u.a. auf die Zufriedenheit mit der eigenen Lebenslage. In
diesem Zusammenhang nimmt das Zufriedenheitsniveau
mit der jeweiligen Lebenssituation bei den Übergängen
von der Einkommens- zur Versorgungsarmut (Letztere
hier definiert als multidimensionale Unterversorgung
in verschiedenen Lebensbereichen) und von der Versor-
gungs- zur doppelten (Einkommens- *und* Versorgungs-)
Armut jeweils vergleichsweise deutlich ab (zu den hier
verwendeten Begriffen der Einkommens- und Versorgungsarmut siehe nochmals Abschnitt 6.2).

Konkret gilt dies in Bezug auf die Zufriedenheit mit
dem Lebensstandard, die allgemeine Lebenszufriedenheit und die Zufriedenheit mit der eigenen gesellschaftlichen Integration. So vermindert sich etwa – auf einer Elfer-Skala (0 = sehr unzufrieden bis 10 = sehr zufrieden)
und auf Basis des Wohlfahrtssurveys 1998 – die durchschnittliche allgemeine Lebenszufriedenheit in Westdeutschland von 7,1 Punkten (Personen in Einkommensarmut) über 6,4 Punkte (Personen in Versorgungsarmut)
auf 5,6 Punkte (Personen in doppelter Armut; zum Vergleich: Nichtarme: 8,0 Punkte).

In einer Ost-West-Perspektive sind hierbei die betreffenden Zufriedenheitsniveaus in den neuen Bundeslän-
dern durchgängig geringer als in den alten Ländern. Für
die allgemeine Lebenszufriedenheit z.B. ergeben sich in
Ostdeutschland folgende Durchschnittswerte: 6,3 Punkte
(Personen in Einkommensarmut), 5,9 Punkte (Personen
in Versorgungsarmut) und 5,2 Punkte (Personen in dop-

pelter Armut; zum Vergleich: Nichtarme: 7,6 Punkte; vgl.
Böhnke/Delhey 1999, S. 31–32).

## 8.3 Zur Wahrnehmung von Reichtum

Wie bereits in Kapitel 3 für plausibel erachtet, geht aus bundesdeutschen Befragungen (etwa aus einer vom Bundesministerium für Arbeit und Soziales finanzierten Befragung
aus dem Jahre 2011, aus dem sogenannten ARB-Survey)
hervor, dass ein gewisses Maß an individuellem Reichtum
zwar durchaus für systemkonform gehalten wird (von ca.
vier Fünfteln der Befragten). Es werden aber auch negative
Auswirkungen von (großem) Reichtum in der Wahrnehmung der Befragten deutlich: So wird die Auffassung, dass
Reichtum ungerechtfertigt sei bzw. zu gesellschaftlichen
Spannungen führe, von immerhin gut zwei Dritteln bzw.
gut drei Vierteln der Bevölkerung geteilt.

Es kann demgemäß vorsichtig argumentiert werden,
dass das Entstehen von (großem) Reichtum weniger mit
individuellen Leistungen in Verbindung gebracht wird,
sondern eher mit den jeweiligen sozialen Rahmenbedingungen, die durchaus im Widerspruch zu den Idealen der
Leistungs- und der Chancengerechtigkeit stehen können
(vgl. BMAS 2013, S. 407–409).

In diesem Sinne geht auch aus Befragungsergebnis-
sen im Rahmen des Sozialstaatssurveys (hier desjenigen
für das Jahr 2006) hervor, dass zur Erzielung von Reichtum (z.B. durch Erbschaften bedingte) gute Voraussetzungen und „Beziehungen" für individuellen Reichtum
für wesentlich bedeutsamer als eigene Leistungen als Voraussetzung eingestuft werden – zumindest im Urteil von
ca. 80 % der Befragten, die für diese beiden Variablen mit

„sehr oft" bzw. mit „oft" als möglichen Reichtumsursachen geantwortet haben (vgl. Glatzer et al. 2009, S. 64). Aus derartigen Grundhaltungen kann gefolgert werden, dass der in Deutschland existente individuelle (große) Reichtum gewisse Legitimitätsprobleme und Spaltungspotenziale beinhaltet.

## 8.4 Zur Lebenszufriedenheit

Im Zusammenhang mit der Wahrnehmung der gesellschaftlichen Verhältnisse und damit auch der ungleichen Verteilung der Ressourcen in der bundesdeutschen Gesellschaft stellt sich die Frage, wie sich all dies auf das individuelle Wohlbefinden auswirkt. Ein grober Indikator in diesem Zusammenhang ist das Maß der Lebenszufriedenheit, das nicht nur durch eine Bezugnahme auf die materielle Verteilungssituation geprägt ist, sondern auch beispielsweise durch immaterielle Einflüsse in Form des individuellen Gesundheitsstatus oder der familiären Situation.

### *Durchschnittliche Lebenszufriedenheiten im nationalen Maßstab*

Wie bereits in Abschnitt 8.2 angedeutet, zeigt sich bei der Betrachtung der durchschnittlichen Lebenszufriedenheiten in beiden Teilen Deutschlands, dass die jeweiligen Durchschnittswerte für sozialpolitische Problemgruppen wesentlich niedriger als für die Gesamtbevölkerung sind. Dies gilt etwa für die Gruppe der Arbeitslosen. So hatten im Sozialstaatssurvey 2008 die bundesdeutschen Ar-

beitslosen auf einer Elfer-Skala (0 = sehr unzufrieden bis
10 = sehr zufrieden) eine durchschnittliche Lebenszufriedenheit in Höhe von 6,8 Punkten bzw. die Langzeitarbeitslosen eine solche in Höhe von 6,2 Punkten. Im Vergleich zum gesamtdeutschen Durchschnittswert in Höhe
von 8,0 Punkten waren dies immerhin 1,2 bzw. 1,8 Punkte
weniger (vgl. Faik/Becker 2009a, S. 18–23).

Der Befund einer geringeren durchschnittlichen Lebenszufriedenheit ergibt sich auch für andere, gegenüber
den jeweiligen Vergleichsgruppen im Durchschnitt durch
ein geringeres Wohlstandsniveau charakterisierte Gruppen, wie z.B. – in den Sozialstaatssurveys 2005–2008 –
für Ostdeutsche (um 0,3 bis 0,5 Punkte niedrigere Durchschnittswerte gegenüber dem gesamtgesellschaftlichen
Durchschnitt), für Alleinlebende und -erziehende (bei
den Alleinlebenden: jeweils -0,4 Punkte, bei den Alleinerziehenden zwischen -0,7 und -0,5 Punkte) sowie für Arbeiter (zwischen -0,5 und -0,4 Punkte; vgl. Faik/Becker
2009b, S. 20).

Ganz allgemein kann darüber hinaus ein negativer
Zusammenhang zwischen objektiver Wohlstandspolarisierung und -ungleichheit einerseits sowie durchschnittlicher Lebenszufriedenheit andererseits seit der Jahrtausendwende in Deutschland festgehalten werden. Das
heißt: Die tendenziell gestiegene Wohlstandsungleichheit
in Deutschland ging einher mit einer Tendenz zu (leicht)
verringerten Durchschnittswerten der Lebenszufriedenheit (vgl. auch ebenda, S. 22–25).

## Durchschnittliche Lebenszufriedenheiten im internationalen Maßstab

In international vergleichender (EU-)Betrachtung ist die durchschnittliche Lebenszufriedenheit in Deutschland als mittelgroß einzustufen (vgl. ebenda, S. 20–21).

Zwar existiert auch – wie ausgeführt – in Deutschland eine negative Beziehung zwischen Einkommensungleichheitsniveau einerseits und durchschnittlicher Lebenszufriedenheit andererseits. Dieser Zusammenhang ist jedoch in Deutschland nicht ganz so ausgeprägt wie auf EU-Ebene. Es ist plausibel, dass dies mit dem vergleichsweise hohen durchschnittlichen Wohlstandsniveau in Deutschland begründet werden kann. So scheinen z.B. Befürchtungen, in materielle Armut größeren Ausmaßes zu fallen, in Deutschland weniger stark verbreitet zu sein als in wirtschaftlich schwächeren Ländern (vgl. ebenda, S. 22–24). Demgemäß ist das Ausgrenzungsempfinden in Deutschland im EU-Maßstab (gemessen mittels der Datenquelle European Quality of Life Survey) relativ gering (vgl. Böhnke 2015, S. 22). Zur genaueren Klärung dieser Zusammenhänge bedarf es indes weiterführender Studien.

## 8.5 Zur Demokratiezufriedenheit

Über die zu Beginn von Kapitel 8 getroffenen allgemeinen Anmerkungen hinaus stellt sich die konkretere Frage nach den Einschätzungen zu der Problemlösungsfähigkeit des Sozialstaats in Deutschland. Diese Frage erscheint nicht zuletzt angesichts des in Deutschland vollzogenen Paradigmenwechsels weg vom sorgenden und hin zum aktivierenden Sozialstaat von Interesse.

## Vertrauen in das deutsche Sozialstaatsmodell

Der Sozialstaatssurvey offenbart in diesem Kontext, dass zwar von 2005 bis 2008 das Vertrauen in die sozialpolitische Problemlösungsfähigkeit des politischen Systems leicht gestiegen ist (in gewissem Kontrast zu dem eingangs zu Kapitel 8 genannten Vertrauensverlust in das bundesdeutsche Sozialstaatsmodell seit den 1990er-Jahren). Für die Zukunft sind allerdings weniger als ein Drittel der deutschen Bevölkerung der Meinung, dass die Probleme der sozialen Sicherheit und ihrer Systeme positiv bewältigt werden können. Ähnliches geht auch aus einer Untersuchung von Damitz/Eierdanz (2008, S. 23) hervor. Gemäß dieser Untersuchung werden nach Einschätzung von ca. 90 % der Befragten soziale Notlagen in Deutschland künftig zunehmen (vgl. ebenda, S. 39).

## Zufriedenheit mit der deutschen politischen Demokratie

Grundsätzlich kommen aus den dargelegten Befunden durchaus problematische Einschätzungen gegenüber dem bundesdeutschen Sozialstaatsmodell zum Ausdruck. Hiermit gekoppelt, offenbaren sich in Deutschland auch bezüglich der Demokratiezufriedenheit ähnliche Befunde. So sind die – auf der Grundlage verschiedener Datenbasen (Sozioökonomisches Panel, Wohlfahrts-, Sozialstaatssurvey, ALLBUS, Eurobarometer) – für Deutschland ermittelten (durchschnittlichen) Zufriedenheitswerte mit der Demokratie für alle in den genannten Datenbasen betrachteten Personengruppen – verglichen mit der durchschnittlichen allgemeinen Lebens-

zufriedenheit – relativ niedrig (vgl. Faik/Becker 2009b,
S. 26–29).

Im Sozialstaatssurvey 2008 beispielsweise betrug die
durchschnittliche Demokratiezufriedenheit in Deutschland – operationalisiert als „Zufriedenheit mit den Möglichkeiten der politischen Beteiligung" auf einer Elfer-Skala (0 = sehr unzufrieden, …, 10 = sehr zufrieden)
– 5,9 Punkte (durchschnittliche Lebenszufriedenheit zum
Vergleich: 8,0 Punkte). Insbesondere für die Arbeitslosen
(4,5 Punkte) und hierunter vor allem für die Langzeitarbeitslosen (3,9 Punkte) waren diese Werte noch deutlich
niedriger.

Ähnliches galt für Ostdeutschland (5,6 Punkte; vgl.
ebenda, S. 29–31). Des Weiteren lagen die Demokratiezu-
friedenheitswerte für folgende Personengruppen in den
einzelnen Sozialstaatssurveys (2005–2008) unter dem
allgemeinen, gesamtdeutschen Durchschnittswert für
die Demokratiezufriedenheit: Alleinlebende (zwischen
-0,4 und -0,2 Punkte), Alleinerziehende (zwischen -0,1
und -1,0 Punkte), 30–39-Jährige (zwischen -0,4 und -0,1
Punkte), Personen im zweituntersten (Äquivalenz-)Ein-
kommensquintil (zwischen -0,5 und -0,3 Punkte) sowie
vor allem Arbeiter (zwischen -1,2 und -1,0 Punkte), Personen mit niedriger Bildung (zwischen -1,4 und -1,1 Punkte)
und Personen im untersten (Äquivalenz-)Einkommens-
quintil (zwischen -1,2 und -0,9 Punkte)

All dies verweist darauf, dass gerade innerhalb von sozialpolitischen Problemgruppen (wie Arbeitslosen oder
Niedrigeinkommensbeziehern) die durchschnittliche Demokratiezufriedenheit besonders gering ist (vgl. hierzu
ebenda, S. 27). Hieraus kommen auf der subjektiven Ebene
für Deutschland nicht unbedenkliche demokratiebezo-
gene Problemlagen zum Ausdruck.

# 9. Ausblick: Eine sozialpolitische Bewertung der Befunde

Abschließend werden die dargelegten Befunde zunächst zusammengefasst. Auf dieser Grundlage werden des Weiteren Projektionen zur Einkommensungleichheit in Deutschland (bis 2020) präsentiert. Diese Analysen dienen dazu, verschiedene Maßnahmen zu diskutieren, die aus Sicht des Autors zu einem Abbau der sozialen Polarisierung in Deutschland zumindest teilweise beizutragen vermögen.

## 9.1 Zusammenfassung

Dieses Buch beschäftigte sich mit der Entwicklung der Wohlstandsverteilung in Deutschland. Hierzu wurden folgende (stilisierte) Fakten über die Zeit hinweg evident (vgl. auch Pfaller 2012); sie sprechen für eine zunehmende soziale Polarisierung in Deutschland:

- Die Lohnquote ist (tendenziell) rückläufig gewesen.
- Auch hat die personelle Einkommens- und Vermögensungleichheit zugenommen. Dabei ist die positive Korrelation zwischen Einkommen und Vermögen zu beachten.
- Die relative Einkommensarmut ist gestiegen.

– Des Weiteren wuchs der Bevölkerungsanteil der Einkommensreichen.
– Die soziale Mobilität hat abgenommen.
– Besondere soziale Problemgruppen bilden die Alleinerziehenden, die Alleinstehenden, Arbeitslose (bzw. Unterbeschäftigte), schlecht Ausgebildete sowie Ausländer. Auch die soziale Lage der Kinderreichen hat sich im Durchschnitt verschlechtert (im Sinne einer zunehmenden „Infantilisierung der Armut").
– Von den Markteinkommen her besehen, ist die bundesdeutsche Ungleichheit im internationalen Maßstab vergleichsweise hoch, was aber teilweise durch die Wirkmechanismen des deutschen Sozialstaats abgeschwächt wird. Gleichwohl zeigt sich als Tendenz eine Abnahme dieser Umverteilungseffekte.
– Der Arbeitsmarkt hat sich durch die Ausweitung des Niedriglohnsektors zusehends segmentiert – in Normarbeitsverhältnisse einerseits und atypische Beschäftigungsformen andererseits.
– Die insgesamt – mit gewissen gegenläufigen Effekten bei den Altenhaushalten – zu beobachtenden Individualisierungstendenzen hin zu kleineren Haushalten haben die gemessene Wohlstandsungleichheit ebenso verstärkt wie der Trend zu homogamen Lebensgemeinschaften, weil hierdurch Ausgleichseffekte innerhalb der Haushalte bezüglich der individuellen Ressourcen vermindert wurden.

Die vorstehend dargelegten Polarisierungsbefunde werden noch verstärkt durch

– eine zunehmende räumliche Segregation im Sinne der Entstehung von „Armutsvierteln", aber auch in Form

von Reichtumszonen (zu Segregationsentwicklungen
in Deutschland vgl. etwa vom Berge et al. 2014 mit Befunden zur innerstädtischen Segregation in Deutschland anhand der Anteile von Niedriglohnbeziehern an
der jeweiligen Wohnbevölkerung),

– mit dem Vorstehenden zusammenhängend: eine Aus-
einanderentwicklung der Konsumstandards bzw. der
Lebenslagen der verschiedenen Wohlstandsbereiche
(Stichwort: „Parallelgesellschaften"; vgl. hierzu z.B.
Hartmann 2014) und

– das Phänomen der differentiellen Sterblichkeit, dem
zufolge die individuelle Lebenserwartung sich mit
steigendem individuellen Wohlstandsniveau erhöht
(d.h. letztlich, dass der Gesundheitszustand einer Person positiv mit ihrem Wohlstandsniveau korreliert; vgl.
z.B. Kroh et al. 2012).

In diesem Buch wurde die Position herausgearbeitet, dass
verschiedene gesellschaftliche Entwicklungen bezüglich
der materiellen Lebensbedingungen in der jüngsten Vergangenheit in Deutschland (erneut als Stichwort: „Parallelgesellschaften") zwar eine gewisse Systemkritik bei den
Bürgern hervorgebracht haben. So zeigen mehrere Befra-
gungsergebnisse für Deutschland einen Vertrauensverlust
in das marktwirtschaftliche System (vgl. hierzu z.B. Wagenknecht 2012, S. 7–8).

Gleichwohl scheint eine das wirtschaftliche und gesellschaftliche System in Deutschland bedrohende Ungleich-
heitsschwelle noch nicht erreicht zu sein. Es lassen sich
zwar auch gewisse Tendenzen hin zu einem Abschmel-
zen der Mittelschicht erkennen. Diese erscheinen allerdings derzeit als noch nicht sehr prägnant. Dennoch sollten diese Tendenzen genau beobachtet werden.

Dies ist vor dem Hintergrund zu sehen, dass der Aufbau einer starken Mittelschicht ein historischer Vorgang war, der sich vor allem im Laufe des 20. Jahrhunderts vollzog. Hatten – beispielsweise bezogen auf die Wohlstandsgröße Vermögen – die mittleren 40 % der Gesellschaft in Europa (bzw. in ähnlicher Form speziell in Deutschland) zu Beginn des 20. Jahrhunderts nur einen Anteil am Gesamtvermögen in Höhe von nicht viel mehr als 5 %, stieg dieser Anteil der mittleren 40 % zu Anfang des 21. Jahrhunderts auf etwa 35 %. Dieser Anteilszuwachs der Mittelschicht ging in dieser historischen Perspektive zu Lasten der obersten 10 %, deren Anteil von ca. 90 % auf ca. 60 % gefallen ist (vgl. Piketty 2014, S. 342–345).

Würde indes die sich mittlerweile andeutende Reduktion der Mittelschicht vornehmlich hin zum unteren Verteilungsrand diesen erreichten Status der Mittelschicht ernsthaft gefährden, könnten hieraus nicht unerhebliche ökonomische Probleme erwachsen. So könnten beispielsweise beträchtliche Einnahmeverluste für den Staat in Form von Steuermindereinnahmen resultieren. Dies wiederum könnte sich negativ auf das Ausgabeverhalten des Staates durch verminderte Infrastrukturausgaben und dergleichen auswirken (vgl. hierzu Barthold 2009, S. 107–114).

Die beschriebenen, bereits jetzt feststellbaren Polarisierungstendenzen in Deutschland sind seit der Verkündung der Agenda 2010 im März 2003 durch den seinerzeitigen Bundeskanzler Gerhard Schröder in besonderem Maße sichtbar geworden. Im Wesentlichen ist dies bedingt durch die in diesem Zusammenhang beschlossenen Leistungskürzungen in den sozialen Sicherungssystemen, aber auch durch Steuerreformen, die die Progression des deutschen Steuerwesens geschwächt haben (etwa durch die Senkung der Spitzensteuersätze bei der Einkommen-

steuer oder durch Entlastungen bezüglich der Körper-
schaftsteuer).

## 9.2 Ungleichheitsprojektionen

Vorliegende Projektionen zur Ungleichverteilung des
Wohlstands in Deutschland als Folge der skizzierten Veränderungen beziehen sich auf die personelle Einkommensverteilung. Derartige Berechnungen stammen u.a.
von Faik (2014, S. 251–283). Sie basieren auf Trendfunk-
tionen bis 2020 für maßgebliche sozioökonomische Variablen (wie Altersstruktur, durchschnittliche Haushaltsgröße usw.) mit der Implikation von Strukturkonstanz
bezüglich der jeweiligen wirtschaftlichen und gesellschaftlichen Randbedingungen (wie Wirtschaftsstruktur,
aber auch in Bezug auf die institutionellen Regelungen in
den sozialen Sicherungssystemen). Die benötigten demografischen Dateninformationen sind hierbei der 12. koor-
dinierten Bevölkerungsvorausberechnung für Deutschland seitens des Statistischen Bundesamtes entnommen
worden.

Von den demografischen Variablen (d.h. in den entsprechenden Projektionen: von der „Alterung" der Bevölkerung, aber auch von haushaltsstrukturellen Trends
hin zu kleineren Haushalten und zu homogamen Haushaltsgemeinschaften) gehen ceteris paribus Tendenzen zu
einem Ungleichheitsanstieg der personellen Einkommen
aus. Während gemäß der vorliegenden Schätzungen aus
den betrachteten makroökonomischen Variablen (Wirtschaftswachstum, Inflation, Arbeitslosigkeit) im Grunde
genommen vernachlässigenswerte Ungleichheitseffekte
erwachsen, weist die Fortschreibung des Trends einer stei-

genden Einkommensungleichheit *innerhalb* von (altersbezogenen) Personengruppen deutlich auf eine hohe Wahrscheinlichkeit für ein weiteres Anwachsen der gesamten
Einkommensungleichheit in Deutschland hin.

Verantwortlich für die Ungleichheit innerhalb einzelner Personengruppen sind nicht zuletzt unterschiedliche Startchancen und Sozialisationsmuster. Es ist daher
m.E. zu überlegen, ob es nicht das Bestreben der staatlichen Sozialpolitik sein sollte, derartige Ungleichheiten
redistributiv zu vermindern. Eine progressiver ausgestaltete Erbschaftsteuer mit einer (deutlich) stärkeren Belastung insbesondere der (hohen) Unternehmensvermögen
als bisher könnte in diesem Zusammenhang eine solche
Maßnahme sein (vgl. hierzu Bach 2015, S. 116–120). Hierdurch könnten gesellschaftlich problematische Polarisie-
rungen vor allem innerhalb der Generationen zumindest
abgeschwächt werden.

Es gibt zudem – aufbauend auf den oben genannten
Projektionsbefunden – weitere ökonomische und gesellschaftliche Tendenzen, die für die Zukunft ceteris paribus eine gewisse Verschärfung auch von Generationen-
divergenzen (d.h. der Intergruppenungleichheit) plausibel
erscheinen lassen. Allerdings ist angesichts der in dieser
Hinsicht eher moderaten Untersuchungsbefunde nicht zu
erwarten, dass von einem „Krieg der Generationen" gesprochen werden muss (vgl. Faik 2014, S. 287–294).

Zusammengefasst lässt sich für die Zukunft eine weitere (deutliche) Zunahme der Wohlstandsungleichheit be-
gründen, sofern sich an den die Ungleichheit treibenden
„Stellschrauben" (bezüglich der Arbeitsmarktregelun-
gen, der Reformtendenzen in der sozialen Sicherung usw.)
keine grundlegenden Änderungen gegenüber dem Status
quo ergeben. Dann könnte sich in der Tat für Deutsch-

land sogar die „Systemfrage" stellen, und zwar nicht nur in wirtschaftlicher, sondern eventuell sogar in politischer (Demokratie-)Hinsicht, zumal bereits im Status quo die Polarisierung von Wohlstand mit Vertrauensverlusten in das deutsche politische System einherzugehen scheint.

## 9.3 Sozialpolitische Maßnahmen

In einer erweiterten Perspektive ist mit sozialer Polarisierung auch der Gegensatz zwischen einem zunehmenden privaten Reichtum und einer zugleich steigenden öffentlichen Armut vor allem bezüglich der Infrastruktur in das Blickfeld zu nehmen (vgl. hierzu Stiglitz 2012 oder van de Werfhorst et al. 2012 bzw. – eher grundsätzlich – Bach 2010).

Dieser Gegensatz kann etwaige soziale Spannungen verschärfen, da er letztlich einen Gegensatz zwischen dem zunehmenden Wohlergehen einiger Weniger (beim privaten Reichtum) zu Lasten der Allgemeinheit (bei der öffentlichen Armut) bedeutet. Auch an dieser Stelle ist der Sozialstaat dahingehend gefordert, dass er über geeignete Redistributionsmaßnahmen den sozialen Frieden in Deutschland weiterhin garantiert.

### Armut allgemein

Konkret geben in Bezug auf die Vermeidung des sozialen Übels der Armut diverse Studien Hinweise auf geeignete wirtschafts- und sozialpolitische Maßnahmen (vgl. hierzu die Zusammenstellung in WZB/IAB 2011, S. 10–13). Den entsprechenden Untersuchungsergebnissen zufolge sind

Erwerbstätigkeit allgemein bzw. eine steigende Frauener-
werbstätigkeit im Speziellen geeignete Stellschrauben zur
Bekämpfung von Armut. Sie sind allerdings nicht im Sinne
einer *hinreichenden* Bedingung zur Bekämpfung von Armut zu verstehen, wie die durchaus nennenswerte (und in
ihrer quantitativen Bedeutung zunehmende) Gruppe der
Working poor bereits jetzt aufzeigt (vgl. in diesem Kontext Statistisches Bundesamt 2014).

Daher erscheint es sinnvoll, zwecks Armutsvorbeugung
zusätzlich eine ausreichende Qualifizierung der Bevölkerung (durch schulische und berufliche Bildung) anzu-
mahnen. Hierdurch wird das Armutsrisiko zwar sicherlich
nicht vollständig beseitigt, aber doch – den vorliegenden
Untersuchungsbefunden gemäß – zumindest verringert.

## Kinder-/Jugendarmut

Speziell zur Verringerung von Kinder- und Jugendarmut
ist an ergänzende Maßnahmen zu denken. In diesem Zusammenhang sind etwa über die bestehenden Angebote
hinausreichende Kinderbetreuungsangebote anzuführen,
um insbesondere die problematische Lage von Alleiner-
ziehendenhaushalten dadurch zu verbessern, dass für das
erwachsene Haushaltsmitglied die Vereinbarkeit von Fa-
milie und Beruf erleichtert wird. Als Vorbild könnten in
diesem Zusammenhang entsprechende staatliche Betreu-
ungsangebote in Frankreich dienen, die auch ein Grund
für die vergleichsweise hohe Fertilitätsrate in Frankreich
gegenüber den anderen westeuropäischen Ländern zu sein
scheinen (zu einem Überblick über die entsprechenden
Regelungen in Frankreich vgl. Konrad-Adenauer-Stiftung 2015).

Idealerweise sind derartige (zusätzlichen) Betreuungs-angebote mit einer Förderung der sozialen Teilhabe von Kindern und Jugendlichen (und eventuell mit einer Hö-herdotierung des Familienleistungsausgleichs) zu kop-peln. Dergestalt würde die Herausbildung gesellschaft-lich wichtiger Persönlichkeitsmerkmale der betroffenen Kinder und Jugendlichen gefördert, die als positive „Wei-chensteller" in Bezug auf spätere Bildungs- und Arbeits-markterfolge interpretiert werden können (vgl. WZB/IAB 2011, S. 12).

## *Altersarmut*

Neben der Bekämpfung der Infantilisierung der Armut sollte das Hauptaugenmerk der Armutsbekämpfung bei der Altersarmut liegen. Dies gilt nicht zuletzt deshalb, weil in der Altersphase nur noch eingeschränkte Möglichkeiten bestehen, die eigene soziale Lage zu verbessern. In diesem Zusammenhang ist an Maßnahmen zu denken, die einer-seits der Altersphase vorgelagert sind bzw. die andererseits direkt umverteilend in der Altersphase selbst wirken.

Die Stärkung von Erwerbsfähigkeit in der Jugend- und in der Erwerbsphase wirkt sich tendenziell positiv auf die erzielten Arbeits- und damit – aus ihnen abgeleitet – auf die Alterseinkommen aus. Letzteres gilt zumindest dann, wenn weiterhin in der bundesdeutschen Alterssicherung das Prinzip der Teilhabeäquivalenz verfolgt wird. Dieses bedeutet, grob gesprochen, dass die individuelle Position in der Arbeitseinkommenshierarchie sich später in der Al-tersphase in einer gleichen Positionierung bei den staat-lichen Alterseinkommen reflektiert (vgl. hierzu Ruland 2011, S. 363–364).

Zusätzlich ist es – aufgrund von Brüchen in der Erwerbsphase, die keineswegs selbstverschuldet sein müssen (Stichwort: unfreiwillige Arbeitslosigkeit) – vorstellbar, zur Bekämpfung von Altersarmut auch in der Altersphase selbst anzusetzen. In diesem Kontext werden von verschiedenen Autoren Mindestrentenregelungen diskutiert – vor allem für in der staatlichen Alterssicherung langjährig Versicherte, um die Akzeptanz der bestehenden Sicherungssysteme zu wahren (vgl. hierzu die Ausführungen in Meinhardt 2011).

Ein Beispiel in die skizzierte Richtung stellt das 30/30-Modell von Hauser dar. Ihm zufolge sollen in der bundesdeutschen gesetzlichen Rentenversicherung Versicherte mit mindestens 30 Pflichtbeitragszeiten im Alter einen Anspruch von mindestens 30 sogenannten Entgeltpunkten (im Sinne eines Bewertungsfaktors für die Festsetzung der Rentenhöhe) erwerben. Dieser Entgeltpunktewert würde laut Hauser sicherstellen, dass mittel- bzw. langfristig langjährig Versicherte in der gesetzlichen Rentenversicherung einen Rentenzahlbetrag oberhalb des Grundsicherungsniveaus erhielten (vgl. Hauser 2009).

Im Einzelnen sind derartige Mindestrentenvorschläge indes noch auf ihre Zielgenauigkeit zur Bekämpfung von Altersarmut zu überprüfen. Diese Bemerkung ist vor dem Hintergrund zu sehen, dass die Gewährung individueller Altersrenten nur ein Element bei der Altersarmutsdiskussion ist. Zusätzlich sind noch weitere Einkommensarten und auch der Haushaltskontext zu berücksichtigen.

## Steuerfinanzierung der Umverteilung

Für die zuvor (beispielhaft) dargelegten Maßnahmen des sozialen Ausgleichs in Form staatlicher Umverteilung müssen die erforderlichen Finanzmittel aufgebracht werden. Prinzipiell stehen dem Staatssektor hierzu zwei Möglichkeiten offen: einerseits die Schuldenaufnahme und andererseits die Steuererhebung.

Gegen die Schuldenaufnahme sprechen zum einen die bereits hohen Schuldenstände der meisten Staaten (so auch in Deutschland) sowie zum anderen die durch staatliche Verschuldung ausgelösten, der eigentlichen Umverteilungszielsetzung entgegenstehenden Umverteilungswirkungen. Letzteres ergibt sich daraus, dass die privaten Kreditgeber in erster Linie vermögende Personen sind, die solcherart Forderungen gegenüber dem Staat erwerben. In diesem Fall sind also die über die Verschuldung ermöglichten Umverteilungen „von oben nach unten" den Forderungen und damit den Vermögenszuwächsen der wohlhabenden Bürger gewissermaßen gegenzurechnen.

Demgegenüber kann m.E. durch eine progressive Besteuerung der individuellen Ressourcen die existente Ungleichheit zielgenauer vermindert werden. Bei der Einkommensteuer z.B. lassen sich in der Historie deutlich höhere Spitzensteuersätze als aktuell finden. So lag beispielsweise in den USA der Spitzensteuersatz der Einkommensteuer von den 1930er- bis zu den 1980er-Jahren zwischen immerhin 70 und 80 % (vgl. Piketty 2014, S. 682).

Vor allem ist aber – ungeachtet der durchaus vorhandenen praktischen Erhebungsschwierigkeiten (Stichwort: „Kapitalflucht") – an eine verstärkte Besteuerung der besonders ungleich verteilten Kapitaleinnahmen und der Vermögen zu denken. Piketty (2014, S. 699–700) schlägt eine jährliche, progressiv ausgestaltete Vermögensteuer mit einem Freibetrag bis zu 1 Million Euro (in diesem Vermögensbereich mit einem Steuersatz von 0 %) vor. Zwischen 1 und 5 Millionen Euro könnte der Steuersatz laut Piketty 1 % und oberhalb von 5 Millionen Euro 2 % sowie gegebenenfalls oberhalb von 1 Milliarde Euro 5 oder 10 % betragen. Einen Vorschlag in diese Richtung unterbreitet auch Wagenknecht (2012, S. 374). Ihr zufolge sollen Vermögen oberhalb von 1 Million Euro jährlich mit 5 oder 10 % besteuert werden. Um das Problem der Doppelbesteuerung von Einkommen und Vermögen zumindest abzumildern, käme als Alternative zur Vermögensteuer auch eine einmalige Vermögensabgabe in Frage (vgl. hierzu Bach 2012).

Wird Umverteilung von Wohlstand innerhalb einer zunehmend polarisierten marktwirtschaftlichen Ordnung nicht in ausreichendem Maße durchgeführt, ist es möglich, dass in der Öffentlichkeit verstärkt Stimmen laut werden, die Vergesellschaftungen von Grundversorgungsbereichen (eventuell inklusive des Finanzsektors) und darüber hinausgehenden Bereichen fordern (vgl. z.B. Wagenknecht 2012, S. 265–312). Dieses ist vor dem Hintergrund zu sehen, dass gerade die Betriebsvermögen bzw. die gezahlten Eigentümer- und Managereinkommen inzwischen außerordentlich hoch sind und zur Ressourcenungleichheit in besonders hohem Maße beitragen. Wagenknecht (2012, S. 374) schlägt in diesem Kontext konkret vor, dass die über eine jährliche Vermögensteuer erzielten Steuererträge in einen Pool eingezahlt werden. Die kapitalisierten Poolbeträge würden ihren Vorstellungen gemäß für die einzelnen Betriebe als Belegschaftskapital verwendet. Dadurch würde Privatvermögen zumindest teilweise in Gesellschaftsvermögen überführt.

Um solche Vergesellschaftungen und die hiermit verbundenen Enteignungen zu vermeiden, könnte/sollte es durchaus im eigenen Interesse der (Super-)Reichen sein, den oben genannten Ressourcenumverteilungen zuzustimmen. Nur durch eine ausreichende Umverteilung – d.h. durch einen Abbau sozialer Polarisierung (auch in dem umfassenden Sinne des Gegensatzes zwischen privatem Reichtum und öffentlicher Armut) – können meiner Überzeugung nach der soziale Friede und letztlich eine auf Leistungsgesichtspunkten aufbauende private Wirtschaftsordnung mittel- bzw. langfristig erhalten werden. Diese Einschätzung bringt demnach – trotz durchaus großer Übereinstimmungen mit der Analyse von Piketty (2014) gerade in Bezug auf die Sinnhaftigkeit von Umverteilungsmaßnahmen – eine weniger pessimistische Positionierung hinsichtlich der Vereinbarkeit einer marktwirtschaftlichen Ordnung mit den Grundsätzen von Leistungsgerechtigkeit zum Ausdruck.

# Literaturverzeichnis

Adam, Hermann (2000): Bausteine der Volkswirtschaftslehre, 14. Auflage, Frankfurt am Main.

Ammermüller, Andreas/Weber, Andrea M./Westerheide, Peter (2005): Die Entwicklung und Verteilung des Vermögens privater Haushalte unter besonderer Berücksichtigung des Produktivvermögens, Abschlussbericht zum Forschungsauftrag des Bundesministeriums für Gesundheit und Soziale Sicherung, Mannheim.

Atkinson, Anthony B./Brandolini, Andrea (2011): On the Identification of the „Middle Class", ECINEQ – Society for the Study of Economic Inequality, Working Paper 2011–217, Las Palmas.

Bach, Stefan (2010): Staatsverschuldung und gesamtwirtschaftliche Vermögensbilanz: Öffentliche Armut, privater Reichtum, DIW-Wochenbericht 50/2010, S. 2–8.

Bach, Stefan (2012): Vermögensabgaben – ein Beitrag zur Sanierung der Staatsfinanzen in Europa, DIW-Wochenbericht 28/2012, S. 3–11.

Bach, Stefan (2015): Erbschaftsteuer: Firmenprivilegien begrenzen, Steuerbelastungen strecken, DIW-Wochenbericht 7/2015, S. 111–121.

Bach, Stefan/Corneo, Giacomo/Steiner, Viktor (2013): Effective Taxation of Top Incomes in Germany. In: German Economic Review, Jg.14, S. 115–137.

Bach, Stefan/Grabka, Markus/Tomasch, Erik (2015): Steuer- und Transfersystem: Hohe Umverteilung vor allem über die Sozialversicherung, DIW-Wochenbericht 8/2015, S. 147–156.

Bach, Stefan/Steiner, Viktor (2007): Zunehmende Ungleichheit der Markteinkommen: Reale Zuwächse nur für Reiche,
DIW-Wochenbericht 13/2007, S. 193–198.

Bäcker, Gerhard (2008): Altersarmut als soziales Problem der Zukunft? In: Deutsche Rentenversicherung, Jg.63, S. 357–367.

Ballarino, Gabriele/Bogliacino, Francesco/Braga, Michela/Brati,
Massimiliano/Checchi, Daniele/Filippin, Antonio/Maestri,
Virginia/Meschi, Elena/Scervini, Francesco (2012): Drivers
of Growing Inequalities. GINI – Intermediate Work Package
3 Report, o. O. Online verfügbar unter http://www.gini-rese
arch.org/system/uploads/414/original/Intermediate_Work_
Package_3_Report.pdf; Zugriff am 08.11.2014.

Bank, Julian/van Treeck, Till (2015): Ungleichheit als Gefahr für
Demokratie, Teilhabe und Stabilität. In: Aus Politik und Zeitgeschichte, Jg.65, S. 41–46.

Barthold, Hartwig (2009): Stirbt die Demokratie? Die Auflö-
sung der Mittelschicht und ihre Konsequenzen, Frankfurt
am Main.

Becker, Irene (2012): Finanzielle Mindestsicherung und Bedürftigkeit im Alter. In: Zeitschrift für Sozialreform, Jg.58, S. 123–
148.

Becker, Irene (2015): Der Einfluss verdeckter Armut auf das
Grundsicherungsniveau, Hans-Böckler-Stiftung, Arbeitspa-
pier 309, Düsseldorf.

Becker, Irene/Hauser, Richard (2003): Anatomie der Einkommensverteilung, Berlin.

Becker, Irene/Hauser, Richard (2009): Soziale Gerechtigkeit – ein
magisches Viereck. Zieldimensionen, Politikanalysen und empirische Befunde, Berlin.

Behringer, Jan/Theobald, Thomas/van Treeck, Til (2014): Ein-
kommens- und Vermögensverteilung in Deutschland: Eine
makroökonomische Sicht, IMK-Report Oktober 2014, Düsseldorf.

Bishop, John A./Liu, Haiyong/Rodriguez, Juan Gabriel (2014):
Cross-Country Intergenerational Status Mobility: Is there a
Great Gatsby Curve? In: Bishop, John A./Rodriguez, Juan

Gabriel (Hrsg.): Economic Well-Being and Inequality: Papers from the Fifth ECINEQ Meeting, Bingley, S. 237–249.

Böhnke, Petra (2015): Wahrnehmung sozialer Ausgrenzung. In: Aus Politik und Zeitgeschichte, Jg. 65, S. 18–25.

Böhnke, Petra/Delhey, Jan (1999): Lebensstandard und Armut im vereinten Deutschland, WZB-Veröffentlichung FS III 99–408, Berlin.

Bönke, Timm/Faik, Jürgen/Grabka, Markus (2012): Tragen ältere Menschen ein erhöhtes Armutsrisiko? Eine Dekompositions- und Mobilitätsanalyse relativer Einkommensarmut für das wiedervereinigte Deutschland. In: Zeitschrift für Sozialreform, Jg. 58, S. 175–208.

Bönke, Timm/Lüthen, Holger (2014): Lebenseinkommen von Arbeitnehmern in Deutschland: Ungleichheit verdoppelt sich zwischen den Geburtsjahrgängen 1935 und 1972, DIW-Wochenbericht 49/2014, S. 1271–1277.

Brenke, Karl (2011): Einkommensumverteilung schwächt privaten Verbrauch, DIW-Wochenbericht 8/2011, S. 2–12.

Brenke, Karl/Grabka, Markus M. (2011): Schwache Lohnentwicklung im letzten Jahrzehnt, DIW-Wochenbericht 45/2011, S. 3–15.

Brenke, Karl/Rinne, Ulf/Zimmermann, Klaus F. (2011): Short-Time Work: The German Answer to the Great Recession, IZA-Diskussionspapier Nr. 5780, Bonn.

Bulmahn, Thomas (2002): Lebenswerte Gesellschaft, Wiesbaden.

Bundesagentur für Arbeit (2014): Arbeitsmarktberichterstattung: Der Arbeitsmarkt in Deutschland. Die Arbeitsmarktsituation von langzeitarbeitslosen Menschen, Nürnberg.

Bundesministerium für Arbeit und Soziales (BMAS; 2013): Der vierte Armuts- und Reichtumsbericht der Bundesregierung, Berlin.

Busch, Christopher/Peichl, Andreas (2010): The Development of Multidimensional Poverty in Germany 1985–2007, IZA-Diskussionspapier Nr. 4922, Bonn.

CapGemini/Royal Bank of Canada (2012): World Wealth Report 2012, o. O.

CapGemini/Royal Bank of Canada (2013): World Wealth Report 2013, o. O.

Corneo, Giacomo (2014): Income Inequality from a Lifetime Perspective, Discussion Paper, School of Business & Economics: Economics, No. 2014/30, Berlin.

Credit Suisse Research Institute (2013): Global Wealth Report 2013, Zürich.

Damitz, Ralf M./Eierdanz, Frank (2008): Entbettung oder Einbeziehung. Über Uneindeutigkeiten im Verhältnis von Prekarität und Exklusion. In: Mittelweg 36, Jg.17, S. 21–44.

Deutsche Bundesbank (2012): Das PHF: eine Erhebung zu Vermögen und Finanzen privater Haushalte in Deutschland, Monatsbericht Januar 2012, S. 29–46.

Deutsche Bundesbank (2013): Vermögen und Finanzen privater Haushalte in Deutschland: Ergebnisse der Bundesbankstudie, Monatsbericht Juni 2013, S. 25–51.

Dingeldey, Irene (2015): Bilanz und Perspektiven des aktivierenden Wohlfahrtsstaates. In: Aus Politik und Zeitgeschichte, Jg.65, S. 33–40.

Eberharter, Veronika V. (2012): Intergenerational Educational Mobility and Social Exclusion – Germany and the United States Compared. In: Bishop, John A./Salas, Rafael (Hrsg.): Inequality, Mobility and Segregation – Essays in Honor of Jacques Silber, Bingley, S. 285–309.

Eichhorst, Werner/Marx, Paul (2009): Reforming German Labor Market Institutions: A Dual Path to Flexibility, IZA-Diskussionspapier Nr. 4100, Bonn.

Engels, Wolfram/Sablotny, Herbert/Zickler, Dieter (1974): Das Volksvermögen, Frankfurt am Main.

Enste, Dominik H./Erdmann, Vera/Kleineberg, Tatjana (2011): Wie schlecht steht es wirklich um die gesellschaftliche Mitte? Mythen über die Mittelschicht, Roman-Herzog-Institut, Information Nr. 9, München.

Fabig, Holger (1999): Einkommensdynamik im internationalen Vergleich: eine empirische Mobilitätsanalyse mit Panel-Daten, Frankfurt am Main/New York.

Fachinger, Uwe (1998): Die Verteilung des Vermögens privater Haushalte: Einige konzeptionelle Anmerkungen sowie empirische Befunde für die Bundesrepublik Deutschland, ZeS-Arbeitspapier Nr. 13/98, Bremen.

Faik, Jürgen (1995): Äquivalenzskalen. Theoretische Erörterung, empirische Herleitung und verteilungsbezogene Anwendung für die Bundesrepublik Deutschland, Berlin.

Faik, Jürgen (1997): Die Verteilung und Bildung der Geldvermögen in Ostdeutschland seit 1990. In: Glatzer, Wolfgang/ Kleinhenz, Gerhard (Hrsg.): Wohlstand für alle? Opladen, S. 179–239.

Faik, Jürgen (2001): Empirische Befunde zur Entwicklung der Vermögensverteilung privater Haushalte in Deutschland. In: Stadlinger, Jörg (Hrsg.): Reichtum heute. Diskussion eines kontroversen Sachverhalts, Münster, S. 68–80.

Faik, Jürgen (2005): Armut ökonomisch betrachtet. In: Wirtschaftswissenschaftliches Studium, Jg. 34, S. 542–547.

Faik, Jürgen (2008): Ausgewählte Verteilungsbefunde für die Bundesrepublik Deutschland unter besonderer Berücksichtigung der Einkommenslage der älteren Bevölkerung. In: Deutsche Rentenversicherung, Jg. 63, S. 22–39.

Faik, Jürgen (2010): Grundlagen der Volkswirtschaftslehre. Eine Einführung in die Volkswirtschaftslehre für ökonomisch Interessierte, 3. Auflage, Berlin.

Faik, Jürgen (2011): Der Zerlegungs-Ansatz – ein alternativer Vorschlag zur Messung von Armut. In: AStA – Wirtschafts- und Sozialstatistisches Archiv, Jg. 4, S. 293–315.

Faik, Jürgen (2012a): Income Inequality and Poverty in Front of and During the Economic Crisis – An Empirical Investigation for Germany 2002–2010, ECINEQ – Society for the Study of Economic Inequality, Working Paper 2012–255, Palma de Mallorca.

Faik, Jürgen (2012b): Impacts of an Ageing Society on Macroeconomics and Income Inequality – The Case of Germany since the 1980s, ECINEQ – Society for the Study of Economic Inequality, Working Paper 2012–272, Palma de Mallorca.

Faik, Jürgen (2014): Demografischer Wandel und Wohlstandsverteilung, Berlin.

Faik, Jürgen/Becker, Jens (2009a): Subjektive und objektive Lebenslagen von Arbeitslosen, SOEPpaper #255–2009 des DIW,
Berlin.

Faik, Jürgen/Becker, Jens (2009b): Wohlstandspolarisierung,
Verteilungskonflikte und Ungleichheitswahrnehmungen,
SOEPpaper #256–2009 des DIW, Berlin.

Faik, Jürgen/Fachinger, Uwe (2013): The Decomposition of Well-
Being Categories. An Application to Germany, ECINEQ –
Society for the Study of Economic Inequality, Working Paper
2013–307, Las Palmas.

Faik, Jürgen/Fachinger, Uwe (2014): The Decomposition of Well-
Being Dimensions: An Application to Germany. In: Bishop,
John A./Rodriguez, Juan Gabriel (Hrsg.): Economic Well-
Being and Inequality: Papers from the Fifth ECINEQ Meet-
ing, Bingley, S. 87–113.

Faik, Jürgen/Hauser, Richard (1998): Untersuchung der notwen-
digen Ausgaben größerer Haushaltsgemeinschaften, Gutachten im Auftrag des Bundesministeriums für Gesundheit,
Frankfurt am Main (mimeo).

Faik, Jürgen/Schlomann, Heinrich (1997): Die Entwicklung der
Vermögensverteilung in Deutschland. In: Huster, Ernst-Ul-
rich (Hrsg.): Reichtum in Deutschland. Die Gewinner in der
sozialen Polarisierung, Frankfurt am Main/New York, S. 89–
126.

Folkers, Cay (1981): Vermögensverteilung und staatliche Aktivi-
tät, Frankfurt am Main/Bern.

Frick, Joachim R./Grabka, Markus M. (2010): Alterssicherungsvermögen dämpft Ungleichheit – aber große Vermögenskonzentration bleibt bestehen, DIW-Wochenbericht 3/2010,
S. 2–12.

Frick, Joachim R./Grabka, Markus M./Hauser, Richard (2010):
Die Verteilung der Vermögen in Deutschland. Empirische
Analysen für Personen und Haushalte, Berlin.

Frick, Joachim/Grabka, Markus M./Marcus, Jan (2010): Data Documentation 51: Editing und multiple Imputation der Vermögensinformation 2002 und 2007 im SOEP, Berlin.

Frick, Joachim R./Krell, Kristina (2009): Einkommensmessungen in Haushaltspanelstudien für Deutschland: Ein Vergleich von EU-SILC und SOEP, SOEPpapers on Multidisciplinary Panel Data Research # 237, Berlin.

Gesellschaft Sozialwissenschaftlicher Infrastruktureinrichtungen (GESIS; 2014): Was ist der Mikrozensus? http://www.gesis.org/missy/studie/erhebung/studienbeschreibung/; Zugriff am 04.12.2014.

Glatzer, Wolfgang/Becker, Jens/Bieräugel, Roland/Hallein-Benze, Geraldine/Nüchter, Oliver/Schmid, Alfons (2008): Einstellungen zum Sozialstaat, Tabellenband, Frankfurt am Main (mimeo).

Glatzer, Wolfgang/Becker, Jens/Bieräugel, Roland/Hallein-Benze, Geraldine/Nüchter, Oliver/Schmid, Alfons (2009): Reichtum im Urteil der Bevölkerung. Legitimationsprobleme und Spannungspotential in Deutschland, Frankfurter Reihe „Sozialpolitik und Sozialstruktur", Band 3, Opladen/Farmington Hills.

Goebel, Jan/Gornig, Martin/Häußermann, Hartmut (2010): Polarisierung der Einkommen: Die Mittelschicht verliert, DIW-Wochenbericht 24/2010, S. 2–8.

Goebel, Jan/Grabka, Markus M. (2011): Zur Entwicklung der Altersarmut in Deutschland, DIW-Wochenbericht 25/2011, S. 3–16.

Goebel, Jan/Grabka, Markus M./Krause, Peter/Kroh, Martin/Pischner, Rainer/Sieber, Ingo/Spieß, Martin (2008): Mikrodaten, Gewichtung und Datenstruktur der Längsschnittstudie Sozio-oekonomisches Panel (SOEP). In: Vierteljahreshefte zur Wirtschaftsforschung, Jg. 77, S. 77–109.

Grabka, Markus M./Frick, Joachim R. (2010): Schrumpfende Mittelschicht – Anzeichen einer dauerhaften Polarisierung der verfügbaren Einkommen? DIW-Wochenbericht 8/2010, S. 101–108.

Grabka, Markus M./Goebel, Jan (2013): Rückgang der Einkommensungleichheit stockt, DIW-Wochenbericht 46/2013, S. 13–23.

Grabka, Markus M./Goebel, Jan/Schupp, Jürgen (2012): Höhepunkte der Einkommensungleichheit in Deutschland überschritten? DIW-Wochenbericht 43/2012, S. 3–15.

Grabka, Markus M./Westermeier, Christian (2014): Anhaltend hohe Vermögensungleichheit in Deutschland, DIW-Wochenbericht 9/2014, S. 151–164.

Grömling, Michael (2006): Die Lohnquote – ein statistisches Artefakt und seine Interpretationsgrenzen. In: IW-Trends, Jg. 33, S. 35–48.

Groh-Samberg, Olaf (2009): Armut, soziale Ausgrenzung und Klassenstruktur. Zur Integration multidimensionaler und längsschnittlicher Perspektiven, Wiesbaden.

Groh-Samberg, Olaf/Goebel, Jan (2007): Armutsmessungen im Zeitverlauf. Indirekte und direkte Armutsindikatoren im Vergleich. In: Wirtschaftsdienst, Jg. 87, S. 397–403.

Groh-Samberg, Olaf/Hertel, Florian R. (2015): Ende der Aufstiegsgesellschaft? In: Aus Politik und Zeitgeschichte, Jg. 65, S. 25–32.

Grüske, Karl-Dieter (1985): Personale Verteilung und Effizienz der Umverteilung. Analyse und Synthese, Göttingen.

Hajdu, Tamás/Hajdu, Gábor (2014): Reduction of Income Inequality and Subjective Well-Being in Europe. In: Economics. The Open-Access, Open-Assessmann E-Journal, Jg. 8, 2014–35, http://dx.doi.org/10.5018/economics-ejournal.ja.2014–35; Zugriff am 09.03.2015.

Hanesch, Walter/Krause, Peter/Bäcker, Gerhard (2000): Armut und Ungleichheit in Deutschland. Der neue Armutsbericht der Hans-Böckler-Stiftung, des DGB und des Paritätischen Wohlfahrtsverbands, Hamburg.

Hans-Böckler-Stiftung (2013): Vorstandsvergütung. Chefs verdienen ein Vielfaches, Böckler-Impuls 16/2013, Düsseldorf.

Hartmann, Michael (2014): Deutsche Eliten: Die wahre Parallelgesellschaft? In: Aus Politik und Zeitgeschichte, Jg. 64, S. 3–8.

Haupt, Andreas/Nollmann, Gerd (2014): Warum werden immer mehr Haushalte von Armut gefährdet? Zur Erklärung erhöhter Armutsrisikoquoten mit unbedingten Quantilregressionen. In: Kölner Zeitschrift für Soziologie und Sozialpsychologie, Jg.66, S. 603–627.

Hauser, Richard (2009): Das 30–30–Modell zur Bekämpfung gegenwärtiger und künftiger Altersarmut. In: Soziale Sicherheit, Jg.58, S. 264–269.

Hauser, Richard/Becker, Irene (2004): Verteilung der Einkommen 1999–2003, Forschungsprojekt für das Bundesministerium für Gesundheit und Soziale Sicherung, Frankfurt am Main.

Hauser, Richard/Becker, Irene/Faik, Jürgen/Schwarze, Johannes (1998): Entwicklung und Verteilung von Einkommen und Vermögen der privaten Haushalte in Deutschland von 1969/70 bis 1995, Gutachten im Auftrag der Kommission für Zukunftsfragen der Freistaaten Bayern und Sachsen, Frankfurt am Main, 20.07.1997. In: Kommission für Zukunftsfragen der Freistaaten Bayern und Sachsen (Hrsg.): Erwerbstätigkeit und Arbeitslosigkeit in Deutschland. Entwicklung, Ursachen und Maßnahmen, Anlageband zu Band 1: Entwicklung, Bewertung und Entlohnung von Erwerbsarbeit sowie Wirkungen der Globalisierung auf die Beschäftigung, Bonn.

Hauser, Richard/Faik, Jürgen/Glatzer, Wolfgang (2000): Strukturwandel im westdeutschen Niedrigeinkommensbereich seit den sechziger Jahren. In: Zeitschrift für Sozialreform, Jg.46, S. 499–522.

Hauser, Richard/Schüssler, Reinhard/Funke, Claudia (2012): Armut unter der älteren Bevölkerung in der Europäischen Union. Eine Untersuchung auf der Basis von Daten der EU Statistics on Income and Living Conditions (EU-SILC), Welle 2007, FNA-Journal, Heft 2/2012, Berlin.

Hauser, Richard/Strengmann-Kuhn, Wolfgang (2004): Armut der älteren Bevölkerung in den Ländern der Europäischen Union, DRV-Schriften, Band 54, Frankfurt am Main.

Hillringhaus, Tilman/Peichl, Andreas (2010): Die Messung von Armut unter Berücksichtigung regional divergierender Lebenshaltungskosten und öffentlicher Leistungen, IZA-Diskussionspapier 5344, Bonn.

Hirschel, Dierk (2006): Einkommensreichtum und seine Ursachen. Die Bestimmungsfaktoren hoher Arbeitseinkommen, Marburg.

Holler, Markus/Kistler, Ernst/Wiegel, Constantin (2015): Inanspruchnahme und Verteilungseffekte gesellschaftlich notwendiger Dienstleistungen, Berlin (in Vorbereitung).

Hradil, Stefan (2005): Soziale Ungleichheit in Deutschland, 8. Auflage, Wiesbaden.

Institut für Arbeitsmarkt- und Berufsforschung (IAB; 2015): Panel „Arbeitsmarkt und soziale Sicherung" PASS; http://www.iab.de/de/befragungen/iab-haushaltspanel-pass.aspx; Zugriff am 07.03.2015.

Institut für Sozialforschung und Gesellschaftspolitik (ISG; 2011): Überprüfung der These einer „schrumpfenden Mittelschicht" in Deutschland, Expertise für das Bundesministerium für Arbeit und Soziales, Köln.

Jarass, Lorenz/Obermair, Gustav M. (2012): Steuermaßnahmen zur nachhaltigen Staatsfinanzierung, Münster.

Jenkins, Stephen P. (1995): Accounting for Inequality Trends: Decomposition Analyses for the UK, 1971–1986. In: Economica, Jg. 62, S. 29–63.

Karl, Marlene/Schäfer, Dorothea (2011): Verschuldung der privaten Haushalte in der Krise nicht erhöht, DIW-Wochenbericht 22/2011, S. 3–9.

Kiatpongsan, Sorapop/Norton, Michael I. (2014): How Much (More) Should CEOs Make? A Universal Desire for More Equal Pay. In: Perspectives on Psychological Sciences, Jg. 9, S. 587–593.

Körner, Thomas/Meyer, Iris/Minkel, Hartmut/Timm, Ulrike (2005): LEBEN IN EUROPA – Die neue Statistik über Einkommen und Lebensbedingungen. In: Wirtschaft und Statistik, Jg. 57, S. 1137–1152.

Konrad-Adenauer-Stiftung (2015): Familienpolitik und Kinderbetreuung – Frankreich Klassenbester? http://www.kas.de/wf/doc/kas_4766-544-1-30.pdf?040607125119; Zugriff am 19.02.2015.

Krämer, Hagen (2014): Verteilungsgerechtigkeit in einer sozialen Marktwirtschaft. Plädoyer für die Einführung einer Platon-Steuer, WISO-direkt, Bonn.

Krämer, Walter (2000): Armut in der Bundesrepublik. Zur Theorie und Praxis eines überforderten Begriffs, Frankfurt am Main/New York.

Krause, Peter/Ehrlich, Ulrike/Möhring, Katja (2013): Erwerbsminderungsrentner: Sinkende Leistungen und wachsende Einkommensunterschiede im Alter, DIW-Wochenbericht 24/2013, S. 3–9.

Krömmelbein, Silvia/Bieräugel, Roland/Nüchter, Oliver/Glatzer, Wolfgang/Schmid, Alfons (2007): Einstellungen zum Sozialstaat. Reräsentative Querschnittsuntersuchung zu grundsätzlichen gesundheits- und sozialpolitische Einstellungen in der Bevölkerung Deutschlands 2005, Opladen/Farmington Hills.

Kroh, Martin/Neiss, Hannes/Kroll, Lars/Lampert, Thomas (2012): Menschen mit hohen Einkommen leben länger, DIW-Wochenbericht 38/2012, S. 3–15.

Liebig, Stefan/Hülle, Sebastian/Schupp, Jürgen (2014): Löhne werden in Ostdeutschland weiterhin als ungerechter empfunden als im Westen, DIW-Wochenbericht 40/2014, S. 995–1000.

Martin, Molly A. (2006): Family Structure and Income Inequality in Families with Children, 1976 to 2000. In: Demography, Jg.43, S. 421–445.

Meinhardt, Volker (2011): Konzepte zur Beseitigung von Altersarmut, WISO-Diskurs, Bonn.

Miller, David (2008): Grundsätze sozialer Gerechtigkeit, Frankfurt am Main/New York.

Nüchter, Oliver/Bieräugel, Roland/Schipperges, Florian/Glatzer, Wolfgang/Schmid, Alfons (2008): Einstellungen zum Sozialstaat II. Akzeptanz der sozialen Sicherung und der Reform der Renten- und Pflegeversicherung 2006, Opladen/Farmington Hills.

Organisation for Economic Co-operation and Development (OECD; 2008): Growing Unequal? Income Distribution and Poverty in OECD Countries, Paris.

Organisation for Economic Co-operation and Development (OECD; 2011): Growing Income Inequality in OECD Countries: What Drives it and How Can Policy Tackle it? Paris.

Organisation for Economic Co-operation and Development (OECD; 2013): Pensions at a Glance 2013: OECD and G20 Indicators, Paris.

Organisation for Economic Co-operation and Development (OECD; 2015): What are Equivalence Scales; http://www.oecd.org/eco/growth/OECD-Note-EquivalenceScales.pdf; Zugriff am 09.03.2015.

Peichl, Andreas/Pestel, Nico (2010): Multidimensional Measurement of Richness: Theory and an Application to Germany, SOEPpapers on Multidisciplinary Panel Data Research # 295, Berlin.

Peichl, Andreas/Pestel, Nico/Schneider, Hilmar (2012): Does Size Matter? The Impact of Changes in Household Structure on Income Distribution in Germany. In: Review of Income and Wealth, Jg.58, S. 118–141.

Pfaller, Alfred (2012): Gesellschaftliche Polarisierung in Deutschland. Ein Überblick über die Fakten und die Hintergründe, WISO-Diskurs, Bonn.

Piketty, Thomas (2014): Das Kapital im 21. Jahrhundert, München.

Ruland, Franz (2011): Grundprinzipien des Rentenversicherungsrechts. In: Eichenhofer, Eberhard/Rische, Herbert/Schmähl, Winfried (Hrsg.): Handbuch der gesetzlichen Rentenversicherung – SGB VI, Köln, S. 341–381.

Schäfer, Claus (2012): Wege aus der Knechtschaft der Märkte – WSI-Verteilungsbericht 2012. In: WSI-Mitteilungen, Jg.64, S. 589–600.

Scherg, Bettina (2014): Ist die Einkommenspolarisierung gestiegen? Alternative Messkonzepte und ihre Ergebnisse für Selbständige und abhängig Beschäftigte in Deutschland, FFB-Diskussionspapier Nr. 97, Lüneburg.

Scheuer, Angelika (2013): Wertorientierungen, Ansprüche und Erwartungen. In: Statistisches Bundesamt (Hrsg.): Datenreport 2013. Ein Sozialbericht für die Bundesrepublik Deutschland, Bonn, S. 377–390.

Schinke, Christoph (2012): Inheritance in Germany 1911 to 2009: A Mortality Multiplier Approach, SOEPpapers on Multidisciplinary Panel Data Research #462, Berlin.

Schmid, Kai Daniel/Stein, Ulrike (2013): Explaining Rising Income Inequality in Germany 1991–2010, IMK Study Nr. 32, Düsseldorf.

Schröder, Christoph (2011): Einkommensungleichheit und Homogamie. In: IW-Trends, Jg. 38, S. 1–13.

Schwahn, Florian/Schwarz, Norbert (2012): Einkommensverteilung als Baustein der Wohlfahrtsmessung. Ein Beitrag der Volkswirtschaftlichen Gesamtrechnungen. In: Wirtschaft und Statistik, Jg. 64, S. 829–842.

Schwalbach, Joachim (2011): Vergütungsstudie 2011 (Folienpräsentation), Berlin. Online verfügbar unter http://www.wiwi. hu-berlin.de/professuren/bwl/management/managervergue tung/Verguetungsstudie_2011%20Schwalbach%20Hum boldt-Uni.pdf/view; Zugriff am 08.11.2014.

Schwarze, Johannes/Härpfer, Marco (2007): Are People Inequality Averse, and Do They Prefer Redistribution by the State? Evidence from German Longitudinal Data on Life Satisfaction. In: Journal of Socio-Economics, Jg. 36, S. 233–249.

Sen, Amartya (2000): Ökonomie für den Menschen. Wege zur Gerechtigkeit und Solidarität in der Marktwirtschaft, München.

Sopp, Peter M. (2005): Abspaltung oder Polarisierung? Einkommensungleichheit und Einkommensmobilität in Deutschland 1984–2000, Berlin.

Spannagel, Dorothee (2013): Reichtum in Deutschland: empirische Analysen, Wiesbaden.

Statistische Ämter des Bundes und der Länder (2014): Gebäude-
    und Wohnungsbestand in Deutschland. Erste Ergebnisse der
    Gebäude- und Wohnungszählung 2011, Hannover.
Statistische Ämter des Bundes und der Länder (2015): Sozial-
    berichterstattung; http://www.amtliche-sozialberichterstat
    tung.de; Zugriff am 12.02.2015.
Statistisches Bundesamt (2014): 20,3 % der Bevölkerung Deutsch-
    lands von Armut oder sozialer Ausgrenzung betroffen. An-
    teil EU-weit bei 24,5 %, Pressemitteilung vom 16. Dezember
    2014 – 454/14, Wiesbaden. Online verfügbar unter https://
    www.destatis.de/DE/PresseService/Presse/Pressemitteilun
    gen/2014/12/PD14_454_634.html; Zugriff am 09.03.2015.
Statistisches Bundesamt/Deutsche Bundesbank (2014): Sektorale
    und gesamtwirtschaftliche Vermögensbilanzen 1999–2013,
    Wiesbaden.
Statistisches Bundesamt/Gesellschaft Sozialwissenschaftlicher
    Infrastruktureinrichtungen (GESIS)/Wissenschaftszentrum
    Berlin (WZB) (2008): Ein Sozialbericht für die Bundesrepu-
    blik Deutschland, Bonn.
Stein, Holger (2004): Anatomie der Vermögensverteilung, Berlin.
Stiglitz, Joseph (2012): Der Preis der Ungleichheit. Wie die Spal-
    tung der Gesellschaft unsere Zukunft bedroht, München.
Stockhammer, Engelbert (2013): Why have Wage Shares Fallen?
    A Panel Analysis of the Determinants of Functional Income
    Distribution, ILO – Conditions of Work and Employment Se-
    ries No. 35, Genf.
Strengmann-Kuhn, Wolfgang (2003): Armut trotz Erwerbstätig-
    keit. Analysen und sozialpolitische Konsequenzen, Frankfurt
    am Main/New York.
Tarvenkorn, Alexander (2012): Aufstiege aus der Mittelschicht.
    Soziale Aufstiegsmobilität von Haushalten zwischen 1984 und
    2010, Dissertation, Potsdam.
TNS Infratest Sozialforschung (2015): Alterssicherung in
    Deutschland (ASID); http://www.alterssicherung-in-deutsch
    land.de/; Zugriff am 07.03.2015.
UBS (2013): Wealth X: World Ultra Wealth Report 2012–2013,
    Singapur.

Unger, Brigitte/Bispinck, Reinhard/Pusch, Toralf/Sells, Eric/
Spannagel, Dorothee (2013): Verteilungsbericht 2013: Trend-
wende noch nicht erreicht, WSI-Report 10, Düsseldorf.

van de Werfhorst, Herman/Tóth, István György/Horn, Dániel/
Medgyesi, Márton/Notten, Natascha/Haas, Christina/Bur-
goon, Brian (2012): Political and Cultural Impacts of Growing
Inequalities, GINI-Intermediate Work Package 5 Report, o.
O. Online verfügbar unter http://www.uva-aias.net/upload
ed_files/regular/IntermediateWorkPackage5Report.pdf; Zugriff am 08.11.2014.

van Treeck, Til (2014): Did Inequality Cause the U. S. Financial
Crisis? In: Journal of Economic Surveys, Jg. 28, S. 421–448.

vom Berge, Philipp/Schanne, Norbert/Schild, Christopher-Jo-
hannes/Trübswetter, Parvati/Wurdack, Anja/Petrovic, Ana
(2014): Wie sich Menschen mit niedrigen Löhnen in Großstäd-
ten verteilen, IAB-Kurzbericht 12/2014, Nürnberg.

Wagenknecht, Sahra (2012): Freiheit statt Kapitalismus. Über
vergessene Ideale, die Eurokrise und unsere Zukunft, Frankfurt am Main.

Wehler, Hans-Ulrich (2013): Die neue Umverteilung. Soziale Ungleichheit in Deutschland, München.

Westermeier, Christian/Grabka, Markus M. (2015): Große statistische Unsicherheit beim Anteil der Top-Vermögenden in
Deutschland, DIW-Wochenbericht 7/2015, S. 123–133.

Wilkinson, Richard/Pickett, Kate (2009): The Spirit Level. Why
Equality is Better for Everyone, London.

Wissenschaftszentrum Berlin für Sozialforschung/Institut für
Arbeitsmarkt- und Berufsforschung (WZB/IAB; 2011): Soziale Mobilität. Ursachen für Auf- und Abstiege, Studie für
den 4. Armuts- und Reichtumsbericht der Bundesregierung
im Auftrag des Bundesministeriums für Arbeit und Soziales,
Berlin.

Zipfel, Frank (2009): Mehrwertsteuer, ermäßigter Satz und Be-
freiungen. Darf es ein bisschen mehr sein? Deutsche Bank Research – Aktuelle Themen 462, Frankfurt am Main.

# Sachregister